5회 말
투 아웃
풀 카운트

제2의 삶을 위한 은퇴설계 지침서

EB
이스트브릿지

5회말 투 아웃 풀 카운트

차 례

머리말   8

PART 1   자산관리 이야기   17

1. 재테크의 중심으로 자리 잡은 주식 투자   18
   1) 비관론자와 낙관론자가 공존하는 주식시장   20
   2) 왜 시장에는 낙관적인 보고서가 지배적일까?   24

2. 시장환경의 변화   28
   1) 정보의 비대칭성   28
   2) 증권방송의 허와 실   31

3. 자산관리자와 자산관리 파트너의 역할   36
   1) 자산관리자 = 본인, 자산관리 파트너 = 금융사 PB   36
   2) 금융 전문가는 이론에 강할 뿐이지 실전에 강한 사람은 아니다   38

4. 기본을 지키는 자산관리 원칙   41
   1) 장기적인 관점에서 투자하기   42
   2) 욕심을 버리고 목표수익률에 대한 자신만의 원칙 고수하기   45
   3) 분산투자하기   48
   4) 자기주도로 책임 투자하기   50
   5) 신용투자를 멀리하고 여유 자금으로 투자하기   54
   6) 일정분의 현금 보유하기   56

7) 주변의 소문에 휘둘리지 않기 58

참고> 투자 대가들의 투자 원칙 60

PART 2 은퇴 준비 이야기 63

1. 빠른 속도로 진행되는 고령화와 비례해서 늘어나는 노후 자금 69

2. 노후 준비의 복병인 과도한 사교육비 106

3. 퇴직금마저 위태롭게 하는 결혼 비용 121

4. 100세 시대의 필수조건인 건강관리 131
   4-1 은퇴 이후 건강과 관련해서 가장 많이 하는 후회들 135
   1) 치아관리에 신경 쓰지 못한 점 135
   2) 담배를 끊지 못한 점 136
   3) 술을 절제하지 못한 점 138
   4) 건강검진을 꾸준하게 받지 못한 점 140
   5) 체중을 관리하지 못한 점 142

5. 준비 없는 은퇴와 험난한 재취업에 대한 고민 145

6. 조기 은퇴와 준비되지 않은 창업의 위험 149

차례

   6-1 성공적인 창업을 위한 조언   152
     1) 무리하지 말고 소자본으로 시작하라   152
     2) 쉬지 않고 일하는 창업은 피하라   154
     3) 가족의 지지를 반드시 확보하라   155
     4) 잘 알고 있고 잘할 수 있는 일을 하라   156
     5) 주인의식으로 철저히 무장하라   157

   7. 은퇴 전 연봉 황금기에 높여 놓은 소비 패턴의 함정   159

   8. 직장에 올인하며 굳어진 인간관계의 한계   163

   9. 단절되고 있지만 느끼지 못하는 가족관계   168

PART 3   은퇴 이후 이야기   175

   1. 은퇴 이후 지켜야 할 자산관리 원칙   177
     1) 자신에게 맞는 재무관리 계획을 우선적으로 세워라   177
     2) 노후 자산 운용에 대한 기대수익률을 최대한 낮추어라   181
     3) 단기, 중기, 장기로 구분해서 자금을 관리하라   183
     4) 위험자산인 주식 투자에 올인하지 마라   184
     5) 자기주도로 스스로 관리하라   185
     6) 유튜브 등의 SNS 채널에 지나치게 몰입하지 마라   187
     7) 금융사기를 조심하라   189
     8) 부동산 비중을 낮추고 금융자산 비중을 높여라   191

2. 은퇴 이후 즐거운 인생 2막 만들기 　　　　　　　　　　195
　1) 버킷 리스트를 작성해 실천하기 　　　　　　　　　196
　2) 부부가 서로의 삶을 인정해 주기 　　　　　　　　200
　3) 자신에게 맞는 취미생활을 찾아 즐기기 　　　　　203
　4) 건강관리를 위해 꾸준히 운동하고 정기적으로 건강검진 받기　209
　5) 친구·지인 관리 잘하기 　　　　　　　　　　　　212
　6) 혼자 노는 법 배우기 　　　　　　　　　　　　　216
　7) 지출 규모를 계획하고 실행하기 　　　　　　　　219
　8) 자녀에게 의존하지 않고 홀로서기 　　　　　　　223
　9) 긍정적인 마인드로 하고 싶었던 일을 찾아서 하기　232

3. 나이가 들수록 줄여야 하는 것들 　　　　　　　　　235
　1) 체면과 눈치는 던져 버려라 　　　　　　　　　　235
　2) 말을 줄이고 경청하라 　　　　　　　　　　　　236
　3) 후회와 원한은 미련 없이 내려놓아라 　　　　　239
　4) 비만과 뱃살은 인격이 아니다 　　　　　　　　　240
　5) 씀씀이는 타인이 아닌 자신의 눈높이에 맞추어라　242
　6) 분노(화)는 만병의 근원이다 　　　　　　　　　　243
　7) 노욕(노인의 욕심)과 노파심을 버리고 너그러운 마음으로 살자　245
　8) 고집을 버리지 못하면 철저하게 고립된다 　　　247
　9) 노인 냄새를 나이 듦의 자연스러운 부산물이라 생각하지 마라　249

글을 마치며 　　　　　　　　　　　　　　　　　　251

머리말

 2022년을 마지막으로 31년간의 직장 생활을 마무리했다. 은퇴를 하고 나면 시간이 느리게 갈 줄 알았는데 참 빨리도 지나갔다. 그동안 새로운 일을 준비하느라 마음에 여유가 없었다. 지난 1년 반 동안 지인과 회사를 만들고 좌충우돌하면서 새로운 도전이 이어졌다. 새로운 사업이 안정되려면 아직은 시간이 필요하기에 오히려 더 조급했던 것 같다. 쉼 없이 달려오다 보니 나를 되돌아볼 시간이 필요했다. 다소 늦은 감이 있지만 한숨을 돌리고 나 자신을 되돌아보는 시간을 가져 본다.

 '나는 과연 은퇴 준비를 잘하고 물러난 것인가? 은퇴 이후 새로운 삶에 대한 도전은 제대로 잘 되어 가고 있는 것인가?'라는 의문이 계속 머릿속에 맴돌았다. 회사에서 퇴임 통보를 받았을 때 충격을 받은 게 아니라 올 것이 왔다는 생각에 그저 덤덤했다. 회사 분위기 때문이었는지는 몰라도 퇴임을 어느 정도 예상했던 터라 그랬던 것 같다. 임원 생활을 8년간 했는데 3년 정도 본부장으로 재직했던 기간을 제외하고는 하고 싶었던 일들을 맘껏 펼쳐보지 못했다는 아쉬움이 컸다.

퇴임 이후에는 31년 동안 해왔던 증권 관련 업무를 계속 해야 할지 아니면 증권업이 아닌 새로운 일에 도전을 해야 할지에 대한 고민이 깊었다. 보수는 훨씬 줄어들겠지만 자문사나 운용사 쪽으로 일자리를 찾아볼 생각도 해봤다. 하지만 31년 동안 해왔던 일보다는 새로운 일을 해보고 싶은 열망이 더 강했다. 지금까지 내가 해왔던 일과는 다른 분야의 일을 하면서 새로운 경험을 쌓고 싶었다.

하지만 금전적인 부분이 역시 큰 걸림돌이었다. 다행히도 큰아들이 바로 취업했고, 둘째 딸도 대학교 4학년 졸업반이라 부담 없이 새로운 도전을 할 수 있었다. 지금은 둘째도 졸업을 하고 취업에 성공해서 더 홀가분한 상태다. 솔직히 지금은 모든 것을 새롭게 시작하다 보니 돈벌이가 시원치 않다. 그래도 하고 싶은 일을 준비하고 있는 내 삶에 만족한다. 지금의 준비가 나중에 좋은 밑거름이 될 것이라 믿는다.

퇴임을 하고 새로운 일에 대한 고민이 깊어질 즈음 7년 정도 알고 지내던 지인으로부터 비즈니스 컨설팅 회사를 같이 운영해 보자는 제의를 받았다. 자문사나 운용사와 같은 증권 업무가 아닌 새로운 분야에 대한 도전이라 큰 고민 없이 흔쾌히 수락하고 업무를 시작했다. 필자를 포함해서 4명이 함께하는, 정말 열정과 도전으로 뭉친 회사였다. 물론 지분의 80%는 대표에게 있었지만 4명의 관계는 수직적이지 않고 사업 파트너로서 동등했다. 다른 2명의 직원은 미래의 큰 꿈을 위해 주변의 만류에도 불구하고 직장을 과감히 그만두고 합류한 40대 초반의 유능한 인재였다. 모두 의욕에 넘쳤고 에너지가 충만해 새로운 시작에 대한 기대가 매우 컸다.

하지만 이러한 기대감은 몇 개월이 지나지 않아 산산이 무너졌다. 필자는 대표가 회사를 잘 이끌어갈 수 있도록 진정으로 도와주고 싶었다. 31년 동안 회사 생활을 하면서 얻은 노하우를 새 회사에 접목해 성장시키고 싶었다. 하지만 막상 사업을 같이 시작해 보니 현실적인 문제에 부딪히게 되었다. 이전에 친분을 쌓고 개인적으로 만났을 때 대표의 모습과 같은 공간에서 함께 일할 때 대표의 모습은 너무도 달랐다. 사업 파트너인 직원들의 의견을 합리적으로 수렴하기보다는 본인의 의지대로 강하게 밀어붙이는 스타일이었다. 기존의 비즈니스컨설팅사업은 뒤로 미뤄진 채 본인이 하고 싶은 다른 사업에 오히려 관심이 더 많았다. 본업이 뒤로 밀리고 기본적으로 준비가 되어 있지 않은 낯설기만 한 새로운 사업이 본업이 되어 버렸다. 그에 따른 결과는 참담했다. 기본에 충실하고 싶었지만 자꾸만 사업이 이상한 방향으로 흘러갔다. 사적인 자리를 마련해 여러 차례에 걸쳐 업무 스타일과 사업의 방향성에 대한 조언을 해주었지만 쉽게 바뀌지 않았다.

많은 것을 포기하고 회사의 성장만을 목표로 합류했던 두 명의 직원도 대표의 업무 스타일 때문에 심한 스트레스를 받기 시작했다. 두 직원은 심지어 필자보다 더 오랫동안 대표와 개인적인 친분을 쌓았던 사이여서 실망감은 더 컸을 것이다. 대표의 설득으로 좋은 조건의 이전 직장을 과감히 포기하고 미래의 꿈을 좇아 합류했던 터라 필자는 이들의 고민을 옆에서 지켜보면서 내내 마음이 아팠다. 필자는 당장 회사를 그만두더라도 먹고사는 것에 대한 고민이 덜하지만 두 직원의 연령대는 자녀 교육비와 생활비 등이 가장 많이 필요한 40대 초반이었기 때문이다. 직원들이 퇴직을 고민하기 시작하면서 퇴근 이후 함께하는 술자리가 잦아졌다. 결국 더는 회사를 위해 일할 수 없는 지경에 이르렀고 모두 회사를 떠나기로 결정했다. 필자 역시 두 직원이 퇴사하고 나서 더 이상 회사에 남아 있을 이유가 없어졌다. 다시 원점에서 모든 것을 시작해야 했다. 그렇게 은퇴 이후 꿈꿨던 그림들은 시작부터 삐걱거렸다.

하지만 이러한 경험은 또 다른 시작의 출발점이 되었다. 기존 컨설팅회사를 그만두고 먼저 회사를 떠난 두 명의 직원과 함께 의기투합해 다시 새로운 도전을 하기로 했다. 새로운 회사를 설립하고 기존 회사에서 추진했던 컨설팅사업과 함께 F&B사업, 교육사업, 출판사업 등을 사업 목적으로 하여 첫 발걸음을 조심스럽게 내딛었다.

과연 잘 해낼 수 있을까? 고민은 끝이 없었다. 하지만 즐기면서 재미있게 일을 하다 보면 좋은 성과를 낼 수 있을 것이라는 긍정적인 생각만 하기로 했다. 특히 교육사업 부분에서 필자가 할 수 있는 역할에 대한 고민이 많았다. 교육사업의 하나로 강의를 하게 되면 어떤 분야가 좋을까? 사람들에게 도움을 주고 필자도 성장할 수 있는 강의가 있다면 어떤 분야일까? 삶의 혜안을 찾아가는 내용으로 현실성 있게 이야기를 풀어낼 주제를 찾기 시작했다.

마침 은퇴 준비와 은퇴 이후의 삶을 고민하던 터라 고민만 하지 말고 이 내용을 중심으로 강의자료를 만들어 보기로 했다. 서점과 도서관에서 도움이 될 만한 책과 통계자료를 찾아가며 강의 콘텐츠를 늘려갔다. 강의 자료는 최신 데이터로 계속 업데이트하면서 다듬어 나갔다. 그러면서 지인을 통해 소개받은 기업과 단체에 강의를 다니기 시작했다. 강의에 대한 평이 좋은 편이어서 강의에 대한 자신감도 조금씩 생겼다. 하지만 강의가 끝난 후 "강의와 관련해 집필한 책은 있습니까?"라는 질문을 여러 차례 받았다. 책을 쓰고 그 내용을 토대로 강의하는 것과 책 없이 짜깁기 내용으로 강의하는 것 간의 온도 차는 극명했다. 본인이 직접 집필해 발간한 책 없이 지속가능한 강의를 한다는 게 쉽지 않음을 실감했다.

결국 은퇴 준비와 은퇴 이후 이야기를 주제로 책을 발간해 필요한 사람들에게 전파해 보기로 마음먹었다. 하지만 솔직히 책을 쓰겠다고 결심은 했지만 자신이 없었다. 책 쓰기라는 것이 맘처럼 쉬운 일이 아니기 때문이다. 책 쓰기는 필자가 한 번은 꼭 하고 싶었던, 버킷 리스트 중의 하나였다. 그래서 걷기 쉬운 트레킹 코스를 소개하는 내용의 책을 내년 연초에 발간하는 것을 목표로 준비하고 있었다. 그리고 완전히 은퇴한 후인 60대 중반에 전원생활을 하게 되면 전원생활의 소소한 이야기들을 책에 담고 싶었다. 그런데 은퇴 준비와 관련한 책을 갑자기 쓰려고 하니 처음에는 엄두가 나지 않았다. 특히 경제와 관련한 책 쓰기를 한 번 포기했던 경험이 있던 터라 더 두려웠다.

필자는 증권회사 리서치센터장으로 재직하던 2015년 초에 나름 책 쓰기에 대한 욕심이 생겨 경제와 관련한 책을 준비한 적이 있었다. 바쁜 시기였지만 리서치센터 내의 애널리스트에게 도움을 받아 한 달 보름 동안 정말 열심히 준비했다. 하지만 초임 리서치센터장이다 보니 이래저래 불려다니는 일이 많아졌고 술자리도 많아지기 시작했다. 아차 하는 순간 책 쓰기가 중단된 채 반년이라는 시간이 순식간에 지나가 버렸다. 정신을 차리고 책 쓰기를 다시 시작했지만 이번에는 예상하지 못했던 큰 난관에 부딪히고 말았다. 필자가 연초에 설정한 가정과 전망에 많은 오류가 생겨 이미 썼던 내용의 수정이 불가피해졌다. 책을 처음부터 다시 써야 하는 상황이 발생한 것이다. 결국에는 제일 바쁜 연말과 맞물려 책 쓰기는 기약 없이 미뤄졌다. 그렇게 책 쓰기를 미룬 지 어느덧 9년이라는 시간이 흘렀다. 이렇듯 책 쓰기를 포기한 경험 때문에 많이 주저했지만 다시 한번 큰 용기를 내보기로 했다.

새롭게 준비하는 내용은 오류가 생길 수 있는 전망 자료가 아니라 경험을 바탕으로 쓰는 은퇴 준비와 은퇴 이후 이야기라는 점에서 상당한 가치가 있을 것이라는 확신이 들었다. 시간이 얼마나 걸릴지는 모르겠지만 최대한 집중해서 현재 만들어진 강의 자료를 바탕으로 이야기를 풀어나가기로 했다.

이미 시중에는 은퇴 준비와 관련한 수많은 책이 발간되어 있다. 또한 유튜브에도 은퇴 준비와 관련한 동영상이 다양한 콘텐츠로 올라와 있다. 큰 줄기에서는 모두 공감할 수 있는 비슷한 내용이다. 중복되는 얘기도 많겠지만 그냥 필자의 방식대로 경험한 여러 에피소드를 엮어 이야기를 풀어가고 싶었다. 그리고 누구나 쉽게 읽고 공감할 수 있는 글을 쓰고 싶었다. 미래에 대한 고민이 필요한 30~40대와 당장 은퇴를 준비해야 하는 50대, 이미 은퇴한 60대 이후 분들에게도 도움이 되었으면 하는 바람이다. 이야기를 풀어내면서 개인적으로 반성도 많이 하게 된다.

은퇴 준비와 관련한 이야기는 큰 틀에서 자산관리, 은퇴 준비, 은퇴 이후 이야기 등 세 개의 파트로 나누어 정리했다.

첫 번째 이야기는 은퇴 여부를 떠나 주식 투자와 관련한 일반적인 자산관리 이야기다. 은퇴 준비와 은퇴 이후 이야기가 은퇴와 관련한 주된 이야기라면 자산관리는 은퇴 자금의 기틀을 마련하는 데 기본이 되는 사안이다. 이 장에서는 자산관리의 핵심인 주식 투자를 중심으로 기본적으로 지켜야 할 원칙을 핵심만 간략하게 정리했다. 주식시장은 시장 참여자가 시장에 어떻게 접근하는가에 따라 투자와 투기 간의 경계가 명확한 곳이다. 투기의 관점에서 바라본다면 주식시장은 카지노와 같다. 성공보다는 상처가 많이 남는 곳이다. 하지만 투기가 아닌 투자의 관점에서 접근하면 주식시장은 자산을 늘려갈 수 있는 기회의 장이 된다. 좋은 기회를 잘 활용하려면 반드시 지켜야 할 투자 원칙이 있다. 100% 주식시장을 이길 수 있는 정답은 없다. 하지만 올바른 투자 원칙을 지켜간다면 정답에 가까이 다가갈 수 있다.

두 번째 이야기는 은퇴를 준비하는 과정에서 고민해야 할 내용이다. 사람들은 흔히 은퇴 준비가 은퇴하고 나서 준비해도 되는 것으로 생각한다. 실제로 강의 섭외를 하면서도 아직 회사를 열심히 다니고 있는데 굳이 은퇴 준비와 관련한 이야기를 지금 들을 필요가 있느냐는 반문을 듣기도 했다. 하지만 은퇴 준비는 은퇴한 이후부터 준비하려면 너무 늦다. 은퇴 이후의 세상은 은퇴 전과는 전혀 다른 세상이다. 그래서 은퇴하고 나면 미리 은퇴 준비를 하지 못한 것에 대한 후회를 많이 한다. 인식을 바꾸어야 한다. 인생의 황금기에 은퇴 준비를 하지 않으면 은퇴 이후의 삶은 고달픔의 연속이 될 수 있다. 왜 은퇴 준비를 해야 하는지 현실적으로 접근해 보았다. 자신을 반성하면서 솔직하게 담아 보려고 노력했다.

세 번째 이야기는 은퇴 이후 새로운 인생 2막을 위해 자산을 관리하는 방법부터 즐거운 삶을 영위할 수 있는 방법을 정리한 것이다. 은퇴 이후에는 자산관리 방법부터 바꾸어야 한다. 자산을 늘리기보다는 자산을 지키기 위해 노력해야 한다. 자산을 지키면서 즐거운 삶을 살아가는 방법은 무엇일까? 은퇴 이후 이야기는 은퇴 준비가 어느 정도 되어 있다는 가정하에 100세 시대에 필요한 내용을 정리했다. 정말 기본이 되는 내용을 중심으로 추려보았다. 노후의 안정된 삶을 준비하는 독자 여러분에게 큰 도움이 되었으면 한다.

읽다 보면 무척 당연하고 상식적인 이야기가 반복된다고 생각할 수 있다. 하지만 쉽다고 생각하기 때문에 잘 지켜지지 않는다. 너무 쉽기 때문에 이미 그렇게 생각하며 행동하고 있다고 착각한다. 그리고 너무나 당연하고 쉽기 때문에 나중에 해도 된다고 하면서 넘어간다. 그런 것들이 쌓이다 보면 쉽고 간단했던 일이 해결하기 어려운 일이 된다. 결국에는 사소한 것이 노후에 큰 위험 요소로 이어지는 것이다.

편하고 지루하지 않게 한 장 한 장 읽어 내려가고, 오랫동안 책장에 보관하면서 볼 수 있는 책이 되었으면 좋겠다.

2024년 9월 27일
안병국

PART 1

자산관리 이야기

PART 1 자산관리 이야기

1 재테크의 중심으로 자리 잡은 주식 투자

　한국의 주식거래활동계좌 수가 7,000만 개(2024년 1월 말 기준, 금융투자협회)를 넘어서 사상 최대를 기록했다. 불과 1년만에 10% 이상 늘어난 수치다. 주식거래활동계좌란 10만 원 이상의 금액이 들어 있으면서 최근 6개월 내에 한 번이라도 거래가 일어났던 계좌를 의미한다. 소액계좌가 많을 수 있지만 소액이라도 움직이는 계좌가 늘어나고 있다는 점은 그만큼 주식시장에 대한 관심이 높다는 것을 방증한다. 실질적으로 거래하는 증권계좌가 개인당 최소한 1~2개 이상은 된다는 것이다.

　해외 주식에 대한 관심이 높아진 것도 주식거래활동계좌 수의 증가에 한몫을 담당했다. 이제 주식 투자는 은행의 예금이나 적금과 마찬가지로 보편화된 투자 방법으로 자리매김했다. 주식 투자는 주변에서 눈치를 주거나 누가 뭐라고 할 사안이 아니다. 이제는 증권회사와의 거래는 은행거래와 마찬가지로 보편화되고 일반적인 금융 서비스가 되었다.

은행 예금이나 적금 등은 저금리 상황에서는 큰 보탬이 되지 않는다. 물론 안정성이 높다는 측면에서 주식 투자와는 확연히 다른 투자 방법이다. 주식 투자가 보편화된 투자 방법으로 자리매김하고 있는데 과연 투자자들은 주식 투자를 통해 꾸준하게 수익을 내고 있을까? 주식 투자는 운이 좋다면 시중금리보다 몇 배 아니 수십 배 되는 수익을 단기간에 낼 수도 있다. 그러나 반대로 보유하고 있는 자산이 크게 훼손될 수도 있다. 수익률에 대한 기대치가 커질수록 리스크도 커진다. 그래서 주식은 위험자산으로 분류되어 있다. 주식 투자는 원금이 보장되지 않는다. 주식과 관련한 대부분의 금융상품도 마찬가지이다. 기대수익률이 낮으면 리스크가 작아지지만 기대수익률이 높으면 높을수록 리스크는 커지게 된다. 그것을 알고 감내해야만 시장에서 버텨낼 수 있다.

주식시장에서 안정적이고 지속적인 수익을 내는 것은 전문가에게도 쉽지 않은 일이다. 전문가가 추천하는 종목으로 모두 수익을 낼 수 있다면 전 국민은 모두 갑부가 되어 있을 것이다. 하지만 현실은 그렇지 않다. 안타깝게도 주식이라는 것은 투자자에게 안정적인 수익보다는 손실을 안겨주는 경우가 더 많다. 애널리스트가 아무리 좋은 주식이라고 매수 의견을 내더라도 주식 가격은 떨어질 수 있는 것이고, 매도나 중립 의견을 냈는데도 주식 가격은 올라갈 수 있다. 주변에 주식에 투자해서 돈을 많이 벌었다고 하는 사람이 많지 않은 것은 이상한 현상이 아니다. 물론 돈을 많이 벌었다고 해서 "주식해서 나 돈 많이 벌었어요" 하고 소문을 내고 다니지는 않는다. 누가 얼마나 많이 벌었는지는 알 수 없다. 하지만 한 가지 확실한 것은 주식 투자를 해서 수익을 내는 사람보다는 손실을 보는 사람이 더 많다는 점이다. 그래서 주식 투자를 할 때는 더 신중해야 한다. 실질적으로 주식 투자를 3년 이상 한 투자자를 대상으로 한 연구·조사에 따르면 시중금리 이상의 수익을 내는 투자자 비중은 5%에 불과하다고 한다. 시중금리 수준의 수익을 내는 비중은 20%이고 75%는 손실을 보았다고 한다. 달리 말하면 95%에 달하는 사람이 주식시장에서 재미를 보지 못하거나 쓴맛을 보고 있다는 얘기다.

그렇다면 투자자들은 왜 주식 투자에 실패하는 것일까? 변동성이 큰 주식시장에서 시중금리 이상의 수익을 꾸준하게 낼 수 있는 방법은 없는 것일까? 서점의 재테크와 관련한 코너에는 주식 투자와 관련한 책이 많다. 매주 새로운 책들이 발간된다. 나름대로의 논리로 주식 투자에서 성공하는 노하우를 제시하고 있다. 책에 쓰인 대로 투자하면 된다고 한다. 하지만 필자가 경험한 바로는 주식 투자에 정답은 없다. 책을 통해 정답을 얻을 수 있다면 얼마나 좋겠는가? 책은 단지 투자에 도움을 주는 입문서일 뿐이다. 필자가 제시하는 내용도 역시 마찬가지다. 욕심을 버리고 지켜야 할 원칙들을 잘 지키면서 투자한다면 수익을 낼 수 있는 확률이 이전보다는 조금 높아질 수 있다고 본다. 그러기에 더 조심스럽다.

1) 비관론자와 낙관론자가 공존하는 주식시장

주식시장을 전망하는 이코노미스트와 투자전략가들은 보통 두 부류로 나뉜다. 비관론자와 낙관론자다. 필자는 리서치센터에서 한때 투자전략을 담당했었다. 당시 필자는 낙관론자였다. 솔직히 말하면 낙관론자일 수밖에 없었다. 영업에 도움을 주어야 하는 지원 부서에서 시장 전망이 나쁘다고 하면 누가 좋아하겠는가? 나쁘더라도 좋아질 수 있는 긍정적인 요인들을 찾아 부각해야 했다. 따라서 시장 상황이 좋고 나쁨을 떠나서 항상 긍정적인 시그널을 찾아 그 부분에 중점을 두고 논리를 전개했다.

비관론자와 낙관론자의 차이는 극명하게 대비된다. 비관론자는 항상 시장을 부정적인 시각으로 바라본다. 문제는 대세 상승장에서도 "상승 속도가 너무 빠르다", "이미 오를 만큼 올랐다"라는 이유를 들면서 하락할 만한 악재 요인을 찾으려 애쓴다. 상승장이 마무리되고 지수가 하락세로 돌아서면 비관론자의 목소리는 더욱 커진다. 상승장에서 지수 하락을 주장하다 지수가 하락하게 되면 쌍수를 들고 반긴다. 결국에는 자기 말이 맞았다고 강하게 항변한다. 그리고 불안 요인을 더욱 부각한다. IMF 외환위기와 글로벌 금융위기를 예견했다고 주장하는 사람들이 대표적인 비관론자다. 솔직히 IMF 외환위기, 글로벌 금융위기와 같은 상황을 정확히 예견해서 맞출 수는 없다. 그것은 사람의 판단에 의한 영역이 아니라 신의 영역이다. 그런 상황을 정확히 맞혔다고 하면 신내림을 받아 돗자리라도 깔고 점을 봐야 하는 것 아닌가? 지나고 나서 추론해 보니 어떤 요인들이 금융위기의 시그널이었다고 얘기할 수는 있다. 하지만 그 상황을 정확히 맞혔다고 하는 것은 분명 지나친 자기모순이다.

그렇다면 비관론자가 직접투자를 하게 되면 어떤 결과가 나올까? 매번 떨어진다고 하는 사람이 주식에 투자하기란 쉽지 않다. 떨어진다고 말하고 주식을 사는 것도 우스운 일이다. 아마도 은행예금으로 넣어 놓았거나 현금만 들고 있었을 것이다. 투자를 하지 않으니 손실은 당연히 없거나 최소화된 상태일 가능성이 높다. 요즘에는 하락에 베팅할 수 있는 인버스 상품이 많지만 과거에는 이러한 상품이 전무했다. 투기성이 강한 선물옵션 정도가 하락에 베팅할 수 있는 매매 대상이었다. 그렇다면 과연 비관론자는 상승장에서 인버스 상품이나 선물옵션으로 자신 있게 하락세에 베팅할 수 있을까? 아마 말로만 열심히 떠들었을 것이다. 속으로는 상승장에서 수익을 내는 투자자들을 보면 배도 아프고 부러워 지수 하락을 더 강하게 얘기했을 수 있다. 몰래 인버스상품이나 선물옵션에 투자했다면 아마도 상승장에서의 자산 손실이 만만치 않았을 것이다.

낙관론자는 반대로 하락장에서도 계속 시장이 좋아질 것이라고 주장한다. 상승장에서는 당연히 계속 올라갈 것이라고 강하게 어필한다. 문제는 고점에서 밀려도 다시 상승할 것이라고 주장하는데 있다. 하락을 단순한 조정으로 인식하고 저점 매수를 계속 주장한다. 하락장으로의 추세 전환을 인정하는 데 많은 시간이 걸린다. 낙관론자가 직접투자를 하게 되면 상승장에서 수익을 얻을 수 있지만 제때 매도하지 못하는 경우가 많다. 조정을 보일 때마다 재차 반등할 것이라고 주장하면서 계속 저점 매수를 권장한다. 평균 매수단가는 낮아지지만 손실은 커 진다. 결국 비관론자와 낙관론자가 모두 시장에서 수익을 내기는 쉽지 않다.

그래도 낙관론자는 하락장에서도 반등 트리거를 제시해 저점 매수를 할 수 있는 긍정적인 기대감을 안겨준다. 투자자들은 시장이 좋고 나쁨을 떠나 항상 긍정적인 측면에 매료되어 주식을 매수한다. 부정적이라면 주식을 왜 사겠는가? 낙관론자는 시장 친화적이고 희망을 전파하는 전도사와 같은 역할을 한다. 그렇기 때문에 비관론자보다는 낙관론자가 시장에서 좋은 평가를 받는다.

주식시장에서는 냉정하게 자기 목소리를 내는 전략가가 필요하다. 하지만 제도권에서 자기 목소리를 내기는 쉽지 않다. 매년 연말이면 증권회사에서는 다음 연도 주식시장을 전망하면서 지수 밴드를 제시한다. 그런데 제시하는 지수밴드의 폭이 생각보다 넓다. 시장이 좋을 것이라고 전망하는데 제시한 지수밴드 하단은 약세장을 의미할 정도로 낮다. 반대로 시장이 나쁘다고 전망하면서 밴드의 상단은 강세장을 전망하는 것 같다. 결국에는 떨어질 수도 있고 올라갈 수도 있다는 것을 은연중에 내비치며 책임을 회피하기 위한 수단으로 지수밴드를 활용한다. 그렇다 보니 지수밴드에 대한 의미가 약해지고 있다. 최근에는 아예 지수밴드를 제시하지 않는 증권회사가 늘어나는 추세다. 증권회사 처지에서는 합리적인 선택이라고 할 수 있다.

주식 투자자는 비관론자와 낙관론자의 의견에 모두 주목해야 한다. 비관론자는 악재를 더 부각하는 사람이고 낙관론자는 호재를 더 부각하는 사람이다. 악재와 호재의 경중을 어디에 두고 투자하는가에 따라 수익과 손실의 폭이 좌우될 수 있다. 주식시장에서는 단기와 중장기 할 것 없이 상승과 하락이 끊임없이 반복된다. 하지만 장기투자의 개념으로 접근한다면 비관론자보다는 낙관론자의 말을 참고하는 게 더 유리하다. 장기적인 관점에서는 지수가 추세적으로 우상향하는 모습을 보이기 때문이다.

2) 왜 시장에서는 낙관적인 보고서가 지배적일까?

애널리스트의 산업 전망과 종목 리포트는 낙관적인 의견이 지배적이다. 이유는 간단하다. 증권회사 처지에서는 고객을 대상으로 영업해야 한다. 그러므로 비관적인 의견을 가지고 영업을 하는 것보다는 낙관적인 의견으로 영업을 하는 게 훨씬 수월하다. 비관적인 전망 자료를 가지고 개인이나 국내외 기관투자자에게 세일즈한다는 것은 쉽지 않다. 산업 전망도 좋지 않고 기업 실적도 좋지 않다고 하면 누가 주식에 투자하겠는가? 기관투자자는 운영 자금을 집행하려면 지금은 당장 힘들더라도 중장기적으로 좋아질 수 있는 트리거가 있어야 한다. 그렇기 때문에 좋은 때는 당연히 더 좋아진다고 주장하며 영업을 하고, 어려울 때는 앞으로 좋아질 것이라고 항변하면서 영업을 한다. 효과적인 영업이 되기 위해서는 당연히 전망 자료는 될 수 있는 한 희망적인 내용일수록 좋다.

종목에 대한 투자 의견은 현실적으로 더 민감하다. 리포트 대상이 되는 기업은 증권회사의 매우 중요한 법인 고객이기도 하다. 그래서 국내 시장에서는 구조적으로 개별 종목에 대한 매도리포트를 쓰기가 어렵다. 사이즈가 아주 작은 스몰캡 기업들은 매도리포트를 쓰는 경우가 종종 있다. 하지만 중견·대기업군에 속해 있는 시가총액이 큰 기업의 매도리포트는 거의 없다. 기업은 수익의 일부분을 지속가능한 성장을 위해 설비 투자 등에 사용하지만 일부는 현금성 자산으로 보유한다. 현금성 자산은 여러 금융사에 맡겨 분산해서 운영한다. 단기성자금은 CMA 등으로 중장기자금은 주식이나 다양한 금융상품, 부동산PF 등에 투자한다. 현금성 자산이 많은 기업은 증권회사의 수익에 큰 도움이 되는 핵심 고객인 셈이다.

그런데 애널리스트는 증권회사의 주요 법인 고객이기도 한 기업에 대한 리포트를 써야 한다. 실질적으로 많은 현금성 자산을 보유하고 있는 기업에 대한 투자 의견을 매도로 제시하는 리포트를 발간한다면 어떤 일이 발생할까? 리포트를 발간한 해당 증권회사와 리포트 대상 기업이 거래하고 있는 상황이라면 경고 차원에서 바로 자금을 뺄 가능성이 높다. 지금 당장 거래를 하지 않고 있는 기업이라면 향후 자금을 유치할 가능성은 거의 없어진다. 그리고 경고 차원에서 애널리스트는 해당 기업의 IR 행사 참여가 제한되거나 기업 방문을 거절당할 가능성이 높다. 기업 방문을 할 수 없으니 향후에 종목을 분석하는 데 많은 어려움이 뒤따른다. 또한 기관이 운용하는 펀드 내에서 비중이 높은 종목에 대한 매도리포트는 증권회사 법인영업에 치명적인 영향을 미친다. 증권회사 법인부로 내는 기관 주문이 일순간에 끊기거나 줄어들 수 있다. 따라서 기관투자자들이 선호하는 종목에 대한 매도리포트는 증권회사 수익에 엄청난 마이너스 요인이 된다.

개인투자자의 경우도 마찬가지다. 요즘 개인투자자는 과거와는 달리 의사를 매우 적극적으로 표시한다. 만약 증권회사의 매도리포트로 인해 보유한 해당 기업의 주가가 급락이라도 하게 되면 애널리스트는 물론 해당 증권회사에 항의 전화를 하는 것은 기본이다. 전화상으로 심한 욕설이 난무한다. 금융감독원에 항의하거나 민원을 넣는다. 여기에 그치지 않는다. 담당 애널리스트의 출근 시간에 맞추어 해당 증권회사 앞에서 피켓을 들고 시위를 하기도 한다. 더 심한 경우에는 애널리스트가 출연하는 유튜브 등 SNS 채널에서 낯 뜨거울 정도의 댓글 테러 등도 서슴지 않는다. 정말 치가 떨리도록 집요하게 물고 늘어진다. 이러한 상황이라면 과연 어떤 애널리스트가 매도리포트를 과감하게 쓸 수 있겠는가?

실제로 금융정보업체인 에프앤가이드에서 조사한 내용에 따르면 2024년 6월 20일 기준으로 발행된 기업보고서 중에서 투자 의견을 매수로 제시한 보고서의 비중이 92.5%였다고 한다. 투자 의견이 매도인 보고서는 단 2건으로 0.02%에 그쳤고, 비중 축소 의견은 4건으로 0.05%였다. 국내 증권사 30곳 중에서 28곳은 매도 의견을 단 한 차례도 내지 않았다. 개인이나 법인거래가 많은 대형 증권사는 당연히 매도 의견 보고서가 있을 리 만무하다. 이러한 상황은 결국 앞서 언급했던 이유 때문이다. 하지만 외국계 증권회사의 경우는 상황이 다르다. 외국계 증권회사들이 같은 기간에 매도 의견을 제시한 보고서가 전체 보고서 중에서 10%를 넘는다. 메릴린치증권의 보고서 중에서 22.8%가 매도 의견이었고, 골드만삭스는 16.7%, 모건스탠리는 16.4%, 노무라금융투자는 15.6%였다. 국내 증권회사와는 대조되는 모습이다. 이는 국내 증권회사와 달리 매도 의견을 냈을 때 받는 부담이 덜하기 때문이다.

금융감독원에서는 매수 의견에 집중된 보고서와 관련해 증권업계의 자정 노력이 필요하다고 지적하고 매도리포트를 의무화하려고 하지만 관행 개선에 별다른 진전이 없다. 개인과 기업, 기관투자자 간의 이해관계는 서로 복잡하게 얽혀 있다. 외국계 증권회사처럼 매도리포트를 자유롭게 쓸 수 있는 환경이 조성되는 것이 말처럼 쉽지 않다. 주식시장에서 매도리포트를 정당한 보고서로 인정해주는 투자문화가 정착되기까지는 앞으로도 많은 시간이 필요하다. 투자자는 올바른 투자문화가 정착되기 전까지 투자 의견 적극 매수는 매수, 목표주가와 괴리율이 높지 않은 매수 의견은 중립, 중립은 매도라고 생각하고 투자에 참고하는 것이 오히려 맘이 편할 것이다.

PART 1 자산관리 이야기

2 시장환경의 변화

1) 정보의 비대칭성

과거에는 기관투자자와 일반투자자 간에 정보의 비대칭성이 매우 심했다. 일반투자자가 투자정보를 얻을 수 있는 창구는 공영방송 중심의 증권방송이나 증권사 애널리스트가 발표한 내용을 신문 기사를 통해 접하는 정도였다. 공영방송 내의 증권방송도 전망보다는 리뷰 중심으로 깊이 있는 내용과는 거리가 멀었다. 한경, 매경 등의 증권 전문 방송에서 전달되는 정보 역시 차별화된 내용이 아니라 이미 기사화된 내용이었다. 방송이나 신문 기사를 통해 얻는 정보는 이미 주가에 선 반영된 내용들이 대부분이었다. 정보의 비대칭성이 심하다 보니 소위 '~~카더라' 하는 식의 주식이 참 많았다.

기업의 반기, 연말 결산보고서 자료도 얻기 힘들었다. 반기, 연말 결산보고서를 확인하려면 주주총회에 직접 참석해서 결산보고서 자료를 받아와야 했다. 모든 기업의 주주총회에 참석할 수 없어 상장기업들의 결산보고서를 한곳에 모아 놓은 증권거래소 자료실을 직접 방문해 열람하는 방법이 일반적이었다. 하지만 지금은 인터넷이 보급되면서 웬만한 기업의 재무제표는 언제든지 자세히 확인하고 검증할 수 있다. 금융감독원 전자공시시스템(dart.fss.or.kr) 사이트에 들어가면 기업들의 분기, 반기, 연말 결산보고서를 실시간으로 확인할 수 있다.

과거 기관투자자가 얻는 정보의 질은 일반투자자와는 확연히 달랐다. 애널리스트가 기업분석을 위해 기업을 탐방하게 되면 실적이나 중요한 계약 건 등 공시 이전의 미공개된 정보를 사전에 제공해 주는 경우가 많았다. 이러한 고급 정보를 애널리스트가 기관투자자에게 먼저 제공해 호재의 경우 주식을 먼저 싸게 사거나 악재의 경우 급락하기 전에 팔 수 있는 빌미가 되었다. 기관투자자가 얻는 정보의 질이 일반투자자보다 훨씬 높다 보니 투자성과 측면에서도 차이가 났다. 기관투자자와 애널리스트의 관계는 갑과 을의 관계다. 언론사에서는 1년에 두 번(상반기, 하반기) 애널리스트 평가를 한다. 애널리스트를 섹터별로 나누어 순위를 매겨 평가한다. 애널리스트 처지에서는 연봉을 좌지우지하는 중요한 이벤트다. 이때 애널리스트를 평가하는 사람이 바로 기관투자자인 펀드매니저다. 그렇다 보니 수단과 방법을 가리지 않고 사전에 주요 고급 정보를 펀드매니저에게 제공해 주는 일이 비일비재했다. 펀드매니저에게 잘 보여야만이 애널리스트 평가에서 좋은 점수를 받을 수 있었다. 지금도 언론사의 애널리스트에 대한 순위 매기기는 계속되고 있다. 언론사가 이러한 애널리스트 평가를 하는 이유는 간단하다. 언론사의 영업 대상이 바로 증권회사이기 때문이다. 언론사는 펀드매니저에게 애널리스트를 평가하게 하고 이를 바탕으로 성과가 좋은 증권회사를 중심으로 긍정적인 기사를 실어준다. 그 대가로 적지 않은 홍보비를 받아 낸다. 언론사와 증권회사 역시 갑과 을의 관계다. 그렇다 보니 증권회사는 갑과 을의 관계 속에서 말 못 할 어려움을 무척 많이 겪는다.

현재에는 인터넷이 보편화되면서 정보의 비대칭성이 크게 완화되었다. 인터넷을 통해 실시간 정보를 빠르게 접할 수 있다. 유튜브 등 SNS 채널을 통해 다양한 정보들이 공유된다. 여기에다 금융당국은 미공개 정보에 대한 사전 유통과 이를 통한 사전매매에 대한 처벌을 강화하고 있다. 만약 기업이 공시 전에 미공개된 정보를 애널리스트 등에게 제공하게 되면 정보를 제공한 기업은 물론 정보를 받은 당사자와 그 정보를 가지고 매매한 주체는 모두 강한 처벌을 받게 된다. 물론 미공개 정보를 이용한 매매로 생긴 수익보다 더 큰 금액을 과징금으로 토해낼 수도 있다. 과거처럼 애널리스트나 기관투자자에게 미공개 정보가 먼저 제공되는 폐해는 거의 사라졌다고 봐야 한다.

하지만 기관투자자는 전문적으로 업종과 기업을 연구하고 분석하는 애널리스트를 통해 다양한 분야의 내용들을 자세하게 브리핑받을 수 있다. 필요할 때 부르면 애널리스트는 언제든지 달려간다. 기관투자자 중에서 가장 큰 규모의 자산을 운용하는 곳은 국민연금과 우정사업본부다. 국민연금은 운용본부가 전주에, 우정사업본부는 세종에 있지만 그쪽에서 부르면 그 먼 거리를 불평 한마디 없이 가야 한다. 이는 아직도 갑과 을의 관계이기 때문에 가능한 일이다. 체계적인 학습의 효과로 펀드매니저가 시장을 바라보는 깊이는 다를 수밖에 없다. 펀드매니저는 종목이나 산업을 심도 있게 분석해야 한다. 그래야 개인이 맡긴 자산을 효율적으로 운용할 수 있다. 펀드매니저의 운용수익은 곧 자신의 연봉과도 직결되기 때문에 결국 자신의 가치를 높이기 위해 최선을 다한다. 개인투자자도 펀드매니저만큼은 아니더라도 자신의 자산을 직접 관리한다는 처지에서 노력을 많이 해야 한다.

2) 증권방송의 허와 실

과거 증권방송의 일상적인 패턴은 공영방송을 중심으로 애널리스트가 출연해서 이미 발표된 리포트를 요약해서 이야기하는 것이었다. 발표되지 않은 내용을 가지고 방송을 한다는 것은 불가능했다. 이미 신문을 통해 알려진 내용을 그저 반복해서 확인하는 정도였다. 솔직히 참고할 수는 있었지만 증권방송이 시장에 큰 임팩트를 주는 정도는 아니었다. 증권회사에 소속된 애널리스트가 아니면 방송 출연은 어려웠고 제도권에서 공인된 사람만이 출연했다. 방송사의 경우도 정규 방송사 이외에 출현할 수 있는 매체가 많지 않았다. 필자는 1990년 중반에 증권방송을 하기 시작했는데 당시의 방송은 당일 시장을 정리하는 마감 시황 수준이었다.

하지만 지금은 증권방송이 유튜브를 중심으로 다양한 SNS 채널을 통해 실시간으로 전파된다. 유튜브 등을 통한 증권 전문 방송은 초반만 하더라도 다양한 분야의 전문가들이 나와 깊이 있는 내용을 전달해 주어 큰 호응을 얻었다. 인기 있는 증권 전문 채널에 패널로 출연하면 청취자가 많아서 개인의 인지도도 크게 높아졌다. 증권 전문 채널도 크게 늘어나 청취자 처지에서는 양질의 내용을 전문가로부터 들을 수 있는 기회가 많아졌다. 당연히 주식 투자에도 큰 도움이 되었다. 하지만 시간이 지나면서 우후죽순으로 증권방송 채널이 만들어지기 시작했다. 경쟁이 심해지면서 당연히 방송 내용의 질도 현저히 떨어졌다. 전문가와 비전문가가 혼재되어 모두가 해당 분야에서 최고의 전문가임을 표방하면서 자극적인 얘기만 한다. 문제는 말에 대한 책임은 누구도 지지 않는다는 점이다. 그저 돈벌이 수단으로 활용되는 경우가 많아지기 시작했다. 유튜브는 수익 때문에 구독자 수와 조회 수가 더 중요한 관심 사안이 되었다. 그렇다 보니 자극적인 제목으로 투자자를 현혹하고, 아님 말고 식으로 말도 안 되는 내용을 사실처럼 전달한다. 제목을 보고 들어갔지만 정작 제목에 있는 내용은 자세히 보고 들어봐도 없다. 자극적인 제목은 결국 조회 수와 구독자 수를 늘리기 위한 미끼 상품인 것이다.

2023년에는 구독자 수가 50만 명이 넘는 유명한 증권 전문 유튜버가 형사 입건되는 사건이 발생하기도 했다. 본인이 미리 주식을 매수해 놓고 유튜브 증권방송을 통해 매수해 놓은 종목을 추천하고 시세가 변동되면 바로 매도하는 수법으로 돈을 벌었다. 이러한 불법적인 사전매매로 50억 원이 넘는 부당이득을 챙겼다가 법망에 걸려 구속된 것이다. 아마 법망을 피해가며 이러한 행태를 보이는 유튜버도 꽤 있을 것이라 생각된다. 물론 실력과 내공이 있는 유튜버가 좋은 의도로 증권방송을 하는 경우도 있다. 하지만 이유가 어떻든 유튜버 대부분의 목적은 타인의 수익이 아니라 개인의 수익이다. 비단 증권방송 전문 유튜버뿐만이 아니다. 유튜브를 통해 불법적인 방법으로 자금을 끌어들이다 구속되는 사례는 점점 늘고 있다.

부동산 관련 유튜버도 마찬가지다. 특정한 땅이나 건물을 매입하면 바로 2~3배의 수익을 낼 수 있다고 홍보한다. 심지어는 바로 이익을 낼 수 있을 것처럼 말한다. 그렇게 좋으면 본인이 직접 매입하면 되지 않을까? 그렇게 하면 아마 몇 년 안에 부동산 재벌이 되어 있을 텐데 왜 애꿎은 사람에게 부동산을 사라고 부추길까? 본인은 돈을 벌 만큼 벌었기에 집 없고 건물 없는 사람들을 도와주기 위한 자선사업을 하는 것인가?

아무리 좋은 의도를 가진 유튜버라 하더라도 성인군자는 아니다. 다들 저마다의 이해득실을 따져가며 다양한 분야에서 방송하는 것이다. 그것을 그대로 받아들이면 안 된다. 유튜브 방송 중에는 잘못된 정보를 전달하는 방송도 많다. 정확한 정보인지 아닌지 필터링을 할 수 있는 제도적인 방법이 없기 때문에 모든 내용이 사실처럼 방송된다. 사실이 왜곡된 가짜 뉴스다. 참고하는 것은 좋지만 맹목적으로 믿고 추종하다 보면 나중에 큰 낭패를 볼 수 있다. 그 피해는 누구도 책임져주지 않는다. 본인이 고스란히 떠안아야 한다.

지금은 증권회사마다 전문 방송국 시설 못지 않은 장비와 전문 인력을 고용해 유튜브 방송을 직접 제작한다. 필자가 소속되어 있던 증권회사도 많은 비용을 들여 방송국을 만들어 유튜브 방송 프로그램을 제작하고 있다. 유튜브 방송을 자체적으로 시작할 때 필자는 메인 코너를 직접 진행하기도 했다. 주 5일을 오전 7시 20분에 시작하는 방송이었다. 생방송이다 보니 매일 새벽에 출근해 방송을 준비해야 했다. 여기에 진행자로서 질문도 해야 하고 중간에 요약해서 정리도 해주어야 하니 모든 과정이 쉽지 않았다. 유튜브 방송이 안착할 수 있도록 열심히 노력했다.

방송을 진행하면서 댓글로 인해 마음의 상처를 많이 받았다. 방송 이후에 댓글을 읽지 말고 그냥 지나쳐 버리는 게 속이 편했을 텐데 그게 맘처럼 되지 않았다. 궁금하기도 하고 고쳐야 할 부분을 지적해 준 것이 있다면 개선할 요량으로 댓글을 꼼꼼히 살펴보게 되었다. 물론 격려의 댓글과 함께 칭찬도 많았지만 상처받을 만한 험한 댓글도 많았다. 일부 구독자들은 패널로 참석한 젊고 잘생긴 직원이 방송 중에 실수하면 "왜 나이 많은 사람을 진행자로 앉혀 패널을 긴장시켜 실수를 하게 하느냐?"라고 했고 요약·정리하는 것을 두고는 "왜 진행자가 그렇게 말이 많냐?"라고 하는 등 한마디 비수 같은 평가를 날렸다. 신세대 구독자들은 방송 내용보다는 잘 생기고 호감가는 젊은 패널을 보기 위해 방송을 청취하는 것처럼 느껴졌다. 결국에는 회사에서도 시대 흐름에 맞추어 전반적인 방송 포맷을 젊은 직원들 중심으로 바꾸기 시작했다. 따라서 방송을 2개월 정도 진행하고 결국에는 하차했다. 좋게 말해서 하차이고 나쁘게 말하면 신세대 구독자들의 항의로 잘린 것이다. 방송을 내려놓을 때 얼마나 속이 후련했는지 모른다. 하지만 유튜브 방송의 흐름이 내용이나 좋은 정보를 제공해 주어야 하는 근본적인 본질에서 벗어나고 있다는 점에서 안타까운 마음이 컸다. 지금은 젊은 후배들이 경험이 쌓이다 보니 진행도 매끄럽게 하고 알찬 내용으로 방송하고 있어 다행스럽게 생각한다. 후배들을 응원한다.

유튜브 채널 중에는 진짜 전문가가 나와 정말로 알차고 좋은 내용을 전달하는 채널도 많다. 하지만 비전문가가 투자자들을 현혹하는 방송도 그에 못지않게 많다. 개인적으로 유튜브 방송이 아무런 제재를 받지 않고 무분별하게 제작되고 있는 만큼 균형감각을 가지고 본인이 필터링해서 받아들이는 수밖에 없다. 결국 선택에 따른 책임은 본인의 몫이다.

PART 1 자산관리 이야기

3 자산관리자와 자산관리 파트너의 역할

1) 자산관리자 = 본인, 자산관리 파트너 = 금융사 PB

당신의 자산관리자는 누구인가? 앞으로 자신의 자산은 누구에게 맡겨서 관리하는 것이 아니라 본인 스스로 자기 주도로 관리해야 한다. 결국 자신의 자산을 관리해주는 자산관리자는 본인이 되어야 한다는 말이다. 다만 자산을 효율적으로 관리할 수 있도록 도와주는 자산관리 파트너가 필요하다. 은행에 예치된 자산을 관리할 수 있게 도와주는 은행 PB, 보험 상품에 대한 조언을 해 줄 수 있는 보험사 PB, 증권회사에서 운영되는 투자자산에 도움을 줄 수 있는 증권사 PB 한 명씩은 자산관리 파트너로 만들어 놓는 것이 좋다. 궁금한 사항이 있을 때 수시로 연락할 수 있어야 한다. 그래야 다양한 금융상품에 대한 정보를 얻을 수 있다.

고객과 금융사 PB는 이제 갑과 을의 관계가 아닌 수평적인 상생의 관계여야 한다. 여러분은 혹시 은행, 보험사, 증권사 PB에게 점심이나 저녁을 사 준 적이 있는가? 아마도 고객의 처지에서 무조건 접대를 받았을 것이다. 많은 사람이 아직도 고객은 당연히 갑이고 금융사는 을이라고 생각한다. 하지만 이제부터는 생각을 바꾸자. 지금부터 여러분이 자신의 자산관리 파트너인 금융사 PB를 관리해야 한다. 갑과 을의 관계가 아닌 수평적인 상생의 관계가 되어야 한다.

금융회사는 기본적으로 수익을 내야 하는 이익집단이다. 고객의 이익도 중요하지만 회사와 지점, 그리고 직원 개인의 이익을 위해 상품을 판매하는 경우가 대부분이다. 리스크가 작고 높은 수익이 보장되는 금융상품은 없다. 금융회사에서 판매하는 상품은 대부분 리스크가 존재한다. 하지만 상품을 판매할 때 리스크 요인보다는 장점을 더 집중적으로 강조한다. 그렇다 보니 자칫 리스크 요인에 소홀해질 수 있다. 불완전판매에 대한 문제들이 발생하는 것도 이러한 이유 때문이다. 과거에 금융회사들은 캠페인을 무척 많이 펼쳤다. 금융회사에서 캠페인을 하는 상품은 전략적으로 사활을 걸고 파는 상품이다. 개인에게 할당된 만큼 팔아야 한다. 리스크가 크다는 점을 알면서도 팔아야 했다. 하지만 최근에는 금융감독 기관과 금융회사들의 노력으로 금융시장 환경이 많이 개선·선진화되었다. 금융회사 직원들이 할당이나 불완전판매에 대한 부담에서 벗어나서 직원 처지에서는 영업하기 좋은 환경이 되었다. 금융사 PB 처지에서는 고객에게 진정성 있게 다가갈 수 있는 좋은 여건이 마련되고 있다는 점에서 매우 긍정적인 부분이다.

그렇기 때문에 금융사 PB와 더욱더 돈독한 관계를 유지해야 한다. 옛날처럼 무리한 영업을 하지 않기에 정말 좋은 금융상품이나 좋은 투자정보가 있을 때 공유할 수 있는 관계로 발전시켜야 한다. 금융사 PB가 접하는 정보의 양과 질은 일반 개인과는 확연히 차이가 난다. 금융사 PB는 다양한 정보를 분석하고 고객을 위해 매일 업데이트한다. 고객의 처지에서는 그러한 정보를 얻을 자격이 있다. 갑과 을의 관계가 아닌 서로를 존중하는 관계라면 제공되는 정보의 질도 더 좋아질 것이다. 금융사 PB가 자산관리 파트너로서 역할을 잘해 준다면 개인자산을 관리하는 데 있어 천군만마를 얻는 것과 같다. 금융사 PB 처지에서도 손해 보는 장사가 전혀 아니다.

2) 금융 전문가는 이론에 강할 뿐이지 실전에 강한 사람은 아니다

여러분은 금융 전문가인 금융회사 직원이라면 투자를 통해 돈을 많이 벌 수 있을 것이라 생각하는가? 금융 전문가가 일반투자자보다 월등히 많은 수익을 낸다고 생각하는가? 현실은 그렇지 않다. 다들 똑같이 월급쟁이로 살고 있다. 전문가의 투자 성과가 월등히 크다면 주식 전문가들은 좋은 주식만을 사고 팔아서 백만장자가 되어 있어야 한다. 하지만 주식 전문가들이 모두 백만장자는 아니다. 왜 이런 상황이 벌어지는 걸까? 소위 금융 전문가들은 정보에 대한 믿음이 너무 강하다. 과도한 믿음은 오만과 집착, 그리고 욕심으로 이어진다. 많이 알고 있는 만큼 확신이 강해지면 주식이 한없이 더 올라갈 것이라는 지나친 자기최면에 빠진다. 결국 차익을 적당한 선에서 실현하지 못한다. 사람의 욕심이란 것은 끝이 없다. 주가가 오를 때는 기대했던 것 이상으로 오를 것 같고, 떨어질 때는 반대로 곧 바닥을 치고 다시 반등할 것 같아 매도를 주저한다. 이러한 습관이 반복되다 보면 수익이 났을 때 제대로 이익을 챙기지 못한다. 금융 전문가는 이론에 강할 뿐이다. 금융 전문가도 일반투자자와 다를 바가 없고 오히려 많이 안다는 믿음과 욕심 때문에 성과는 오히려 더 나쁠 수도 있다.

유튜브 방송에 나오는 전문가들은 모두가 내 말이 진리라고 떠들어 댄다. 과연 그 사람들이 사라고 하는 종목을 믿고 직접 사면 높은 수익을 낼 수 있을까? 그렇게 좋은 종목이면 본인만 사면되지 유튜브 방송에 나와서 떠들어 대는가? 그들의 목적은 일반투자자에게 도움을 주려는 것보다 유튜브 방송으로 돈을 벌려는 데 있다. 목적이 그렇다 보니 아님 말고 식의 자극적인 화법을 써가며 변동성이 심한 종목을 대상으로 투자자들을 유혹하는 것이다. 최대한 제목이 자극적이고 호전적이어야 많이 들어와 시청한다. 2~3배 오른다는 유튜브 방송을 듣고 주식을 사서 손실을 보더라도 그것을 책임져 주는 유튜버는 아무도 없다.

주식시장에서는 그 누구의 말도 100% 믿어서는 안 된다. 물론 금융 전문가가 시장에 대해 많이 연구하고 깊이 있게 고민하는 부분에 대해서는 인정한다. 그렇기 때문에 전문가의 조언은 절대적으로 필요하다. 하지만 전문가의 말을 맹신하지는 말자. 그들도 잘못된 분석을 할 수 있고 가정의 오류가 발생할 수 있다. 한쪽의 일방적인 의견이 아닌 다양한 의견을 듣고 투자의 최종 결정을 본인이 직접 하면 된다. 참 어렵다. 어렵기 때문에 그만큼 본인도 열심히 공부해야 하고 신중해야 한다.

PART 1 자산관리 이야기

4 기본을 지키는 자산관리 원칙

　주식 투자는 이제 재테크의 일반적인 투자 방법이 되었다. 주식 투자의 대중화가 성공적으로 안착되고 있지만 그럼에도 불구하고 투기적인 모습과 오버랩되면서 여전히 부작용도 많이 발생한다. 주식 투자를 하는 궁극적인 목적은 돈을 벌기 위함이다. 돈이 너무 많아 주식 투자를 통해서 자산을 줄이려는 사람은 이 세상에 없다. 그런 사람이 있다면 제정신이 아닐 것이다. 주식시장은 수익을 보장하는 곳이 아니다. 누구나 투자해서 수익을 낼 수 있는 곳이라면 얼마나 좋겠는가? 주식시장에서 꾸준하게 시중금리 이상의 수익을 내는 확률은 5% 수준이다. 95%는 주식시장에서 손실을 보거나 수익을 내더라도 시중금리 이상의 수익을 기대하기 어렵다. 그럼에도 불구하고 많은 사람이 자산을 늘리기 위해 주식시장에 뛰어들고 있다. 월급만을 가지고 풍요롭게 생활하기 어렵다 보니 승부수를 띄우는 것이다. 그렇지만 생각만큼 쉽지 않다. 오랫동안 주식 투자를 한다고 해서 경험치만큼 수익이 늘어나는 것도 아니다. 경험이 도움은 되겠지만 수익이 그에 비례해서 늘어나지는 않는다. 그만큼 힘들다. 하지만 주식시장도 투자 원칙을 세우고 그 원칙을 철저하게 지켜나간다면 주식 투자로 수익을 낸다는 5%에 포함될 확률이 높아질 수 있다. 수익을 낼 수 있는 가능성을 높이는 기본적인 투자 원칙이라면 면밀히 검토하고 실행에 옮길 가치가 있다. 역사상 가장 성공한 투자자 중의 한 명인 워렌 버핏도 투자 원칙을 잃지 않고 지켜나가는 것이 성공 비결이라고 했다. 그런 의미에서 조금이나마 투자에 도움이 되기를 바라는 간절한 마음으로 기본을 지키며 투자할 수 있는 투자 원칙들을 정리해 보았다.

1) 장기적인 관점에서 투자하기

주식 투자는 단기적인 변동성에 일희일비하기보다는 장기적인 관점에서 접근하는 것이 바람직하다. 예를 들자면 우량주, 저평가된 가치주, 안정적인 실적이 뒷받침되는 고배당주, 혁신을 주도하는 성장주 등에 장기적인 관점으로 투자해야 한다. 사람들은 은행예금이나 적금 등에는 몇 년이라는 시간을 기꺼이 투자하면서도 주식 투자에서는 단기적인 접근에 더 많은 관심을 기울인다. 좋은 주식을 사서 예금처럼 몇 년 동안 묻어두겠다는 생각이 아니라 단기이익에만 치중한다. 단기적인 이익에 대한 관심이 높아지면 결국에는 이익보다는 손실로 연결될 가능성이 높다. 매일 주식을 보고 있으면 오르고 내릴 때 불안감이 커져 합리적이고 냉정한 판단을 하기 어려워진다.

투자의 대가들이 공통적으로 강조하는 원칙이 바로 장기투자다. 워렌 버핏의 대표적인 투자 원칙 중의 하나가 바로 장기투자다. 가치주이면서 경쟁우위를 가지고 있고, 혁신을 주도하는 지속가능한 기업에 대한 장기투자가 바로 주식 투자에서 성공의 지름길이라고 말한다. 워렌 버핏은 "우리가 가장 좋아하는 보유 기간은 영원이다."라는 명언으로 장기 투자의 중요성을 강조한다. 장기투자에 대한 그의 투자 철학은 단순하지만 강렬하다.

피델리티 마젤란펀드를 13년간 관리하면서 연평균 29.2%의 수익률을 기록했던 투자 전문가 피터 린치 역시 장기투자를 권유한다. 좋은 기업은 시간이 지나면 그 가치를 인정받기 마련이다. 그는 단기적인 주가 변동에 연연하지 말고 매스컴의 과장된 보도에도 흔들리지 말고 장기적인 관점에서 투자 원칙을 고수해야 수익을 낼 수 있다고 강조한다.

인덱스펀드의 창시자인 잭 보글도 단기적인 시장 변동에 휘둘리지 말고 장기적인 관점에서 투자하면서 시장의 평균수익률을 추구하는 것이 중요하다고 말한다. 시장의 단기적인 움직임을 예측할 수는 없으므로 단기적인 매매 타이밍을 시도하지 말고 지속적인 장기투자를 하는 것이 필요하다고 지적한다.

투자의 대가들이 이렇듯 장기투자에 대한 중요성을 강조하고 있는데 이를 무시하고 단기투자에 집중한다면 결국 시장을 이길 수 없다. 물론 우량주를 매수하고 오랫동안 보유한다고 해서 이들 주식이 무조건 상승하는 것은 아니다. 다만 안정적으로 상승할 가능성이 높아진다. 주식시장은 일간, 주간, 월간, 연간으로 크고 작은 상승과 하락이 반복된다. 매번 지수가 오르는 것은 아니다. 하지만 지수는 장기적인 관점에서 보면 우상향하는 트렌드를 보인다. 그래서 우량주를 중심으로 한 장기투자를 권하는 것이다. 지금은 국내 주식뿐만이 아니라 해외 주식도 자유롭게 매매할 수 있다. 글로벌 혁신 대표기업의 주식을 언제든지 사고 팔 수 있다. 국내 주식이 아니라 미국 주식 등 해외 주식에 투자해서 수익을 내는 투자자가 늘고 있다. 국내 주식 투자자를 동학개미라고 칭하고, 해외주식 투자자를 서학개미라고 부를 정도로 이제는 해외 주식 투자가 보편화되었다. 국내시장은 변동성이 심하고 지수의 추세적인 상승 모멘텀이 해외 주요 시장에 비해 상대적으로 약하다. 그렇기 때문에 지수의 추세적인 상승 트렌드가 확실한 미국 시장에 대한 장기투자 비중을 높이는 것도 투자의 혜안이 될 수 있다.

개별기업에 대한 장기투자도 있지만 펀드를 시장에 상장시켜 주식처럼 편하게 매매할 수 있도록 만든 상품인 ETF(Exchange Traded Fund)가 리스크 분산 차원에서 장기투자에 더 효율적이다. 지수형 ETF부터 산업, 테마, 고배당, 우량주 등을 포함한 다양한 종류의 ETF가 시장에 상장되어 있다. 분산투자 개념으로 볼 때 ETF는 장기 투자하기 좋은 대상이다. 지금은 증권회사의 수익원이 여러 분야로 다변화되었다. 국내 주식 영업만이 아니라 IB, 부동산 PF, 채권, ELS, ETF, 해외 주식 등을 통해 수익을 창출하고 있다. 과거에는 국내 주식 매매를 통한 수수료 수입이 증권사 수입의 대부분을 차지했다. 필자가 지점에서 영업했던 1990년대, 2000년대 초에는 주식 매매수수료 수입이 증권회사의 주요 수입원이었다. 그렇다 보니 주식 매매의 촛점은 장기적인 관점이 아니라 단기적인 흐름에 맞추어졌다. 이유는 간단하다. 사고팔고 하는 매매를 많이 해야 수수료 수입이 늘어날 수 있었기 때문이다. 수수료 수입이 늘어나면 직원들도 인센티브를 많이 받아갈 수 있는 구조였다. 따라서 증권회사는 고객 자산의 회전율을 높이는 데 더 집중했다. 자산의 회전율을 높이는 데 집중하다 보면 증권회사는 수익이 늘어날 수 있었지만 그에 따른 부작용으로 고객수익률이 저조해지는 현상이 발생했다. 고객 이익이 우선인 영업이 아니라 회사 수익이 우선인 영업만 한 것이다.

하지만 지금은 증권회사의 수익원이 다양해지면서 투자의 행태도 바뀌고 있다. 증권회사도 단기매매를 권유하는 주식 영업을 자제하고 정도영업을 통한 장기투자 문화를 정착시켜 나가고 있다. 주식시장이라는 곳이 투기시장이 아니라 점차 건전한 투자시장으로 자리매김하고 있는 것이다.

2) 욕심을 버리고 목표수익률에 대한 자신만의 원칙 고수하기

주식 투자도 목표수익률에 대한 자신만의 원칙이 필요하다. 중장기적인 관점에서 투자한다고 하면 자신이 선택한 주식을 사 놓고 기다리면 된다. 문제는 어느 정도의 수익을 목표로 해서 차익을 실현할 것인지에 대한 고민이다. 주식은 시간과의 싸움도 중요하지만 결국은 수익률 싸움이다. 오랫동안 보유한다고 해서 그 주식이 반드시 오른다는 보장은 없다. 그래서 목표수익률에 대한 원칙이 중요하다.

예를 들자면 중장기적으로 5년의 투자 기간을 설정하고 목표수익률을 50%로 정했다고 가정해 보자. 만약 운이 좋게 보유 주식이 급등해 예상보다 빨리 목표수익률에 도달했다면 과연 어떤 선택을 하겠는가? 두 가지 중의 하나를 선택해야 한다. 추가 상승에 대한 기대감으로 계속 보유하거나 과감하게 차익을 실현하는 것이다. 그런데 많은 사람은 차익을 쉽게 실현하지 못한다. 이유는 욕심 때문이다. 이익이 나게 되면 갑자기 여러 생각이 스쳐 지나간다. 원금이 1억 원이면 1억 5천만 원이 된 것인데 2억 원이 눈앞에 아른거린다. 2억 원이 되면 또 3억 원이 욕심난다. 그렇게 하다 보면 결국 제때 차익을 실현하지 못한다.

주식 투자에서 가장 경계해야 할 요소는 바로 욕심이다. 사람의 욕심에는 끝이 없다. 50%의 수익률은 은행 금리 3%를 고려한다면 15년치 이상의 은행 이자에 준하는 엄청난 수익이다. 그런데 사람들은 거기에 만족하지 못한다. 욕심을 버리는 사람만이 주식 투자에서 성공할 수 있다. 욕심이라는 단어는 일상생활에서는 나쁜 의미로만 사용되는 것은 아니다. 하지만 주식 투자에서는 절대로 좋은 의미로 해석될 수 없는 게 바로 욕심이다.

그래서 철저하게 목표수익률에 대한 원칙을 세우고 그 원칙을 지켜

나가는 전략이 필요하다. 50%의 목표수익률을 조기에 달성했다면 차익을 실현한 후 새로운 포트폴리오를 구성하면 된다. 물론 차익을 실현한 후 그 주식이 더 오를 수도 있다. 그때는 그 주식과의 인연은 여기까지라고 편하게 생각하면 된다. 단기와 중장기투자에 따른 목표수익률은 당연히 장기투자일수록 높게 설정할 수 있다.

주식 투자는 거듭 강조하지만 장기투자가 정답이다. 단기투자는 권하고 싶지 않다. 그래도 어쩔 수 없이 단기투자를 해야 한다고 고집을 피운다면 목표수익률에 대한 원칙을 정하고 그 원칙을 더욱 철저하게 지켜나가야 한다. 차익 실현보다 더 중요한 것이 손절매. 단기투자를 통해 수익을 내는 투자자들은 주식을 매수하고 본인의 생각과 다른 패턴으로 움직이거나 정해진 손실 목표 구간에 진입하면 과감하게 손절매한다. 아니라고 판단했을 때는 미련을 두지 않고 결정하고 다시 새로운 기회를 만들어 간다. 따라서 장기투자가 아닌 단기 트레이딩을 통한 매매라면 5~10%의 손실 구간에서 손절매를 결정하는 결단력이 중요하다. 단기매매에서 이러한 원칙을 지키기가 쉽지 않다. 하지만 이러한 원칙을 지키는 투자자가 결국 시장을 이길 수 있는 확률도 높아진다. 펀드매니저는 자산을 운용할 때 (-)20% 내외에서 로스컷 구간을 설정해 손실 구간에 진입하면 시스템적으로 손절매를 통한 리스크 관리를 한다. 시스템적으로 결정되는 것이기에 특별한 경우가 아니라면 원칙이 그대로 적용된다. 운용사 처지에서는 당연히 수천억 원, 수조 원 단위의 고객 자산을 운용하기에 이러한 원칙을 정하고 지켜나가는 것은 당연한 일이다.

3) 분산투자하기

주식 투자 격언 중에서 "계란은 한 바구니에 담지 마라"라는 말이 있다. 계란을 한 바구니에 담았다가 자칫 엎어지면 모든 계란이 깨지는데 이를 주식 투자에 비유한 격언이다. 한마디로 몰빵투자를 하지 말라는 것이다.

주식시장에 상장되어 있는 기업은 지수가 상승할 때 모두 같이 오르거나 지수가 하락할 때 모두 같이 하락하지 않는다. 개별 상황에 따라 각자 다르게 움직인다. 상승장에서도 소외되는 기업이 있고, 하락장에서도 각광받는 기업이 있다. 심지어 같은 산업 내의 기업도 실적 등에 따라 차별적으로 움직이는 게 주식시장이다. 주가가 일 년 내내 상승만 하는 기업은 없다. 오르내림이 항상 존재한다.

아무리 좋은 기업이라 하더라도 과열되어 고평가 영역에 진입하면 다시 일정 수준으로 하락하고, 저평가 구간에 있으면 언젠가는 다시 상승하게 된다. 주식시장에서는 순환매가 끊임없이 일어나며 주도주가 바뀐다. 이런 상황에서 어느 기업, 어느 산업이 상승한다고 해서 거기에 자산의 대부분을 투자하면 결과는 두 가지다. 좋은 흐름에 진입하면 기대 이상의 수익을 낼 수 있고, 고점 부근에 진입하면 큰 손실을 입게 된다. 한 기업에 투자해서 실패하면 손실이 커지지만 다양한 산업과 테마에 투자하게 되면 리스크를 분산시킬 수 있다. 단일 종목 투자에 대한 리스크를 최소화할 수 있는 것이다. 피터 린치나 잭 보글 등 투자의 대가들도 분산투자의 중요성을 강조한다.

지금은 주식 투자의 풀이 매우 넓어졌다. 국내 주식뿐만이 아니라 해외 주식에 대한 투자도 자유로워졌다. 불과 7~8년 전만 하더라도 해외 주식 투자는 엄두도 내지 못했다. 해외 주식을 사려면 절차도 복잡했고 매매시스템이 제대로 갖추어져 있지 않아 좋은 기업이 눈에 보여도 매매할 수 없었다. 하지만 지금은 해외 주식도 실시간으로 매매할 수 있다. 글로벌시장을 주도하는 핵심 기업들을 포트폴리오에 편입할 수 있다는 것은 엄청난 변화이자 기회다. 혁신기업들에 장기투자 개념으로 접근하는 투자자가 많이 늘어나고 있다. 선택의 폭이 넓어지고 다양해지고 있다. 펀드를 주식시장에 상장시켜 주식처럼 거래할 수 있게 만들어 놓은 ETF는 분산투자의 효과를 더욱 극대화할 수 있다. 국내 및 해외시장과 관련한 ETF 역시 다양한 테마군으로 계속 늘어나고 있다.

거액 자산가에게 해외시장은 새로운 투자처이자 수익원이 되고 있다. 거액 자산가의 공통된 투자 원칙은 여유 자금으로 좋은 기업에 장기투자를 한다는 점이다. 그런 의미에서 해외 주식은 거액 자산가에게 날개를 달아준 셈이다. 글로벌 혁신기업을 중심으로 여러 종목에 분산투자해 장기적으로 보유하는 전략이 국내 주식 투자보다 훨씬 유리하기 때문이다. 수익률 측면에서도 월등하게 낫다. 주식시장에서 선택의 폭이 한없이 넓어지고 있다. 개인투자자도 거액 자산가와 같은 마인드로 투자에 나선다면 주식시장에서 수익을 낼 수 있는 확률은 이전보다 훨씬 높아질 수 있다.

분산투자는 꼭 주식에 국한된 것만은 아니다. 자산 포트폴리오를 주식, 채권, 금융상품, 연금, 현금 등으로 다양하게 구성하는 것이 넓은 의미의 분산투자다. 광의의 분산투자 중에서 주식 투자는 포트폴리오의 일부분일 뿐이다. 모든 투자를 주식 투자로 오해하지 않았으면 좋겠다. 분산투자의 개념을 주식 투자에만 한정 지어 생각하면 안 된다.

4) 자기주도로 책임 투자하기

주식 투자로 얻는 결과물에 대한 책임은 본인이 져야 한다. 남 탓을 하면 안 된다. 과거에는 솔직히 정보의 비대칭성으로 더 다양하고 많은 정보를 얻을 수 있는 증권회사 직원이 고객의 자산을 일임받아서 운영하는 사례가 많았다. 고객의 동의하에 매매하는 것이 원칙이지만 고객의 동의 없이 매매하고 사후에 보고하는 상황이 일반화되었다. 이러한 일임매매 때문에 금융사고가 빈번하게 발생했다. 당연히 분쟁도 많이 발생해 소송으로 이어지는 경우도 다반사였다. 고객과 직원 간에 분쟁으로 인한 아픈 상처가 많았다.

하지만 지금은 고객의 자산이 철저하고 안전하게 관리된다. 매매가 이루어지기 전에 사전 보고를 통해 고객이 동의해야 하고 매매한 후 사후 보고까지 해야 한다. 그리고 이와 관련한 통화 기록은 모두 녹취로 남기고 있다. 고객과의 분쟁을 사전에 차단하기 위해서다. 그렇다면 여러분은 늘 증권사 PB의 말만 믿고 결정하는지 묻고 싶다. 추천해주는 종목이나 금융상품을 본인보다 많이 알고 있는 직원이 추천하는 것이니 그대로 믿고 매매하는가? 추천을 누가 했든 결과는 본인의 동의하에 나오기 때문에 결과에 대한 책임은 본인이 져야 한다. 나중에 나는 모르는 내용이었다고 항변해도 소용없다. 이미 모든 의사결정 과정은 녹취·보관되어 있다. 금융사 PB가 설명해야 할 중요한 내용을 고지하지 않았다면 불완전판매로 책임을 물을 수 있다. 하지만 모든 사항을 고지하고 고객이 결정한 사안에 대해서는 책임을 물을 수 없다.

최종 결정을 하기 전에 본인이 직접 종목이나 금융상품을 많이 분석해보아야 한다. 요즘은 웬만한 정보는 모두가 볼 수 있도록 인터넷에 다 공개되기 때문에 시간만 할애하면 충분히 검토할 수 있다. 매수할 기업이라면 그 회사의 재무제표를 들여다봐야 하고 주요 사업에 대한 지속성장 가능성 등도 살펴봐야 한다. 그리고 기업의 사업 구조도 살펴봐야 한다. 그 기업이 영위하는 사업을 이해하지 못한다면 투자하지 않는 게 좋다. 본인이 보유하고 있는 기업에 대해 몇 분 동안 다른 사람에게 설명할 수 있을 정도는 되어야 한다. 주식이 아닌 금융상품도 마찬가지다. 구조가 복잡한 금융상품은 원금을 보장해 주지 않기 때문에 리스크 요인을 꼼꼼히 따져보고 점검해야 뒤탈이 없다. 이해되지 않는 부분이 있으면 자산관리 파트너인 증권사 PB에게 문의해야 한다. 최종 결정 이후의 책임은 본인이 져야 하는 만큼 많은 것을 검토한 후 신중하게 결정해야 후회하지 않는다.

대충 듣고 주식을 매수하거나 금융상품에 가입한 후 수익이 나면 내가 잘한 것이고 손실이 나면 증권사 PB가 추천을 잘못했기 때문이라고 책임을 떠넘겨서는 안 된다. 주식 투자를 통해 돈을 벌기 쉽다면 빚을 내서라도 해야 하지만 그게 말처럼 쉬운 일인가? 정말 꼼꼼하게 분석하고 결정해도 수익 내기가 어려운 것이 주식 투자다. 세상에 쉽게 돈을 벌 수 있는 방법은 없다. 모든 일에는 그만큼의 노력이 필요하다. 주식 투자도 예외는 아니다.

피터 린치는 자신이 매수한 종목에 대해서는 그 주식을 모르는 사람도 사고 싶게 만들 수 있을 정도로 잘 알아야 한다고 강조한다. 종목에 대해 연구하지 않고 투자하는 것은 패를 보지 않고 포커를 치는 것과 같다고도 했다. 워렌 버핏도 종목을 선정할 때는 도덕적이고 우수한 경영진이 기업을 운영하는지, 혁신적이면서 지속가능한 사업구조로 이익을 내고 있는 회사인지, 내재가치를 평가해 저평가되어 있는 회사인지 등을 면밀히 검토한다고 한다. 철저하게 감정이 아닌 사실에 기반한 내용으로 투자를 결정하는 것이다.

투자의 대가들도 이렇게 종목을 선정할 때 기본에 충실하다. 하물며 일반투자자가 이러한 기본을 무시하고 투자를 한다는 것은 주식시장에 엄한 돈을 바치는 것이나 마찬가지다. 재무제표 등 펀더멘탈적인 요인을 꼼꼼히 따져보지도 않고 그냥 귀동냥으로 산 주식이 운 좋게 오를 수 있다. 하지만 이러한 요행은 한두 번 정도이지 지속될 수 없다. 그냥 남들이 오른다고 해서 매수한다는 것은 참 우스운 얘기다. 단순한 귀동냥으로 주식을 매수해 놓고 매수한 주식이 떨어지면 세력을 탓하고 기관이나 외국인 탓을 한다. 자기의 잘못을 인정하지 않고 남 탓만 하는 사람은 주식 투자를 하면 안 된다.

요즘 적극적인 개인투자자들은 투자하기 전에 관심 있는 기업을 직접 방문하거나 IR 담당자와 수시로 전화 통화를 한다. 본인이 투자할 기업인 만큼 확인하고 싶은 사항이 있으면 적극적으로 행동한다. 기업도 개인투자자를 대하는 태도가 달라졌다. IR 담당자도 개인투자자의 방문이나 전화를 피하거나 무시하지 않는다. 그만큼 본인이 노력만 한다면 투자할 회사를 심도 있게 분석할 수 있다. 이렇게 공들여 투자한 기업이라면 장기투자를 할 만한 가치가 생기는 것이다.

주식시장에서 지속가능한 수익을 내려면 본인이 스스로 종목과 시장에 대해 연구와 공부를 많이 해야 한다고 강조했다. 이와 더불어 평소에 글로벌 시장환경의 변화에 지속적인 관심을 가져야 한다. 새로 나온 경제 관련 서적도 자주 접해야 시대적 흐름을 따라갈 수 있다. 무슨 일은 하든 간에 쉽고 편하게 하면서 성공할 수 있는 방법은 없다. 성공이라는 것은 피눈물 나는 노력의 대가이지 운발이 아니다. 운이라는 것은 노력하는 과정에서 따라오는 부산물일 뿐이다. 우리는 냉장고를 고를 때도 여러 회사 제품의 다양한 기능과 가격 등을 비교하고 나서 신중하게 결정한다. 심지어 주식 투자를 할 때 냉장고를 고를 때만큼의 시간과 노력을 기울이지 않는다면 투자자로의 의무를 저버리는 것이다.

5) 신용투자를 멀리하고 여유 자금으로 투자하기

　　주식시장은 모든 사람에게 열려 있지만 모든 사람에게 수익을 제공하지는 않는다. 거듭 강조하지만 주식시장에서 수익을 낼 수 있는 확률은 5%에 불과하다. 손해를 볼 수 있는 확률이 95%인데도 많은 사람이 주식시장에 뛰어든다. 손해를 볼 수 있다는 사실을 인정하고 주식 투자를 해야 한다. 이길 확률이 낮은 게임에 전 재산을 거는 것은 투자가 아닌 도박이다.

　　특히 빚을 내서 하는 주식 투자는 절대 금물이다. 빚투자를 하는 사람들의 성향은 공격적이고 투기적이다. 성공하면 기대 이상의 수익을 낼 수도 있다. 하지만 그것은 실력이 아니라 운에 가깝다. 운은 항상 우리 주변에 머무는 것이 아니다. 신기루처럼 왔다가 금방 사라진다. 투기적인 사람은 아홉 번의 투자 성공보다 한 번의 투자 실패로 모든 것을 잃을 수 있다. 빚투자는 양날의 검과 같다. 운 좋게 수익이 났을 때의 달콤함을 잊지 못하고 더 많은 수익을 위해 점점 더 깊은 수렁에 빠져든다. 수렁에서 빠져나올 방법은 없다. 주식 투자는 무조건 여유 자금으로 욕심 없이 해야 한다.

　　대표적인 빚투자가 바로 신용투자다. 레버리지를 과도하게 일으켜 단기간에 고수익을 추구하는 전략이다. 당연히 리스크도 배가된다. 만약 신용으로 매수한 종목이 단기간에 20~30% 오르면 원금 대비 100% 이상의 수익도 올릴 수 있다. 하지만 반대로 20~30% 이상 하락하면 원금마저 모두 날릴 수 있다. 하이 리스크 하이 리턴의 전형적인 투자가 바로 신용투자인 셈이다.

주식 투자자라면 깡통계좌라는 말을 다 들어 봤을 것이다. 담보 유지 비율이 100% 미만인 계좌를 의미한다. 다시 말하면 원금이 다 없어지고 증권회사에서 빌린 돈만 남아 있는 계좌다. IMF 외환위기와 글로벌 금융위기, 코로나 팬데믹처럼 예상하지 못한 천재지변과 같은 대형 악재가 발생하면 주가는 단기간에 폭락하게 된다. 이때 신용투자자는 담보 유지 비율을 맞추지 못하게 되고 본인 의사와는 상관없이 반대매매가 나가게 된다. 그런데 반대매매가 나가도 거래 없이 급락하면 매도하고 싶어도 팔리지 않는 경우가 발생한다. 결국 며칠간 거래 없이 하한가로 급락하다가 바닥에서 대량으로 거래된다. 이미 원금은 다 없어지고 증권회사에서 신용으로 빌린 돈도 손실이 발생해 신용미수금을 갚아야 하는 상황이 발생한다. 원금이 모두 허공에 사라진 것도 모자라 졸지에 빚쟁이가 되어 버리는 것이다. 이렇게 위험한 투자인데도 현재 주식시장 내의 신용잔고는 2024년 6월 말 기준으로 20조 원이 넘는다. 20조 원이 넘는 돈이 빚으로 주식 투자에 활용되고 있다. 상승장에서는 큰 문제가 없지만 과도한 신용잔고는 급락장에서 주가 하락을 더욱 부추길 수 있다. 그렇게 되면 그 피해는 고스란히 고객에게 전가된다.

주식 투자는 무조건 여유 자금으로 해야 한다. 일확천금을 꿈꾸고 빚을 내서 하게 되면 빚이 한순간에 눈덩이처럼 커질 수 있다. 여유 자금이라면 좋은 주식을 매수하고 하락하더라도 버티면 된다. 하지만 여유 자금이 아니라면 초조하고 불안해서 매일 주가 흐름을 들여다봐야 하고 그렇다 보니 단기 변동에 대한 유혹을 이기지 못하고 성급하게 매매할 수밖에 없다. 정상적인 판단을 하기 어려운 상황에 내몰리면 결과는 백전백패다. 여유 자금으로 장기적으로 투자하는 투자자가 많아진다면 주식시장도 건전한 투자시장으로 거듭날 수 있을 것이다.

당신은 왜 주식 투자를 하는지 묻고 싶다. 남들이 다 하니까 나도 하는 것이라면 당장 주식 투자를 그만두기 바란다. 주식 투자는 남들이 하니까 하는 심심풀이로 할 수 있는 대상이 아니다. 다른 질문을 해본다. 당신은 주식을 매수하고 보유 주식이 급락했을 때 편하게 잘 수 있는가? '예'라고 대답한다면 좋은 주식을 여유 자금으로 장기적인 관점에서 샀다는 의미다. 하지만 '아니요'라고 한다면 좋은 주식이 아니거나 여유 자금이 아닌 빚투자일 가능성이 높다. 주식 투자를 하면서 화병까지 생길 이유는 없다. 시세를 매일 들여다 보지 말고 좋은 주식을 매수해 놓고 한동안 잊어 보자. 주식은 긴 시간과의 싸움이다.

6) 일정분의 현금 보유하기

주식은 고위험자산이다. 가장 안전한 투자는 이자율이 낮더라도 리스크가 작은 은행에 예금으로 예치하는 것이다. 하지만 저금리에 만족하기 어렵기 때문에 고위험자산인 주식에 대한 관심이 높아지는 것이다. 주식은 고위험자산인 만큼 원금이 보장되거나 이익이 담보되지 않는다. 언제든지 손실을 입을 수 있다. 내 자산의 대부분을 주식에 투자한다면 어떤 결과를 초래할까? 주식시장이 활황이라면 운 좋게 한두 해 운영을 잘해서 높은 수익률을 유지할 수 있다. 하지만 하락장에서는 수익을 내기 어렵다. 상승장에서 얻은 수익보다 더 큰 손실이 생길 수 있다. 매년 상승과 하락을 반복하는 지수 흐름과 무관하게 지속적으로 수익을 낸다는 것은 전문가에게도 쉽지 않은 도전이다. 그럼에도 불구하고 높은 기대수익률을 꿈꾸는 주식 투자 인구는 계속 늘어만 가고 있다.

주식 투자는 다양한 포트폴리오로 구성된 분산투자를 통해 장기적인 관점에서 접근해야 한다고 강조했다. 분산투자의 하나로 현금도 투자의 대상이 되어야 한다. 이유는 예상치 못한 급변동이 생길 때를 대비하기 위해서다. IMF 외환위기와 글로벌 금융위기, 코로나 팬데믹과 같은 상황이 발생했을 때가 주가가 수직으로 급락한다. 공포심이 시장을 지배하면 펀더멘털에 비해 지수가 과도하게 하락한다. 하지만 시간이 지나면 악재들이 약화되거나 해소되고 투자 심리도 안정되면서 과도하게 하락했던 갭을 빠르게 메우고 제자리를 찾아간다. 주식시장 내에서는 예측할 수 없는 큰 이벤트가 아니더라도 수많은 호재와 악재가 충돌하며 예상보다 큰 상승과 하락이 수없이 반복된다. 이러한 급등락 상황에 대비해서 일정분을 현금으로 보유하는 전략이 필요하다. 워렌 버핏도 하락장의 기회를 활용하려면 항상 일정분의 자산을 현금으로 보유할 것을 강조한다. 급락장에서는 공포심이 시장을 지배해 주가가 과도하게 하락하는데 이 기회를 보유한 현금으로 과감하게 효율적으로 활용해야 한다는 것이다.

7) 주변의 소문에 휘둘리지 않기

주식 투자를 하는 사람은 귀가 얇다. 좋은 말로 표현하자면 여러 분야에 관심이 많다는 얘기다. 하지만 쓸데없는 관심은 불행의 화근이 된다. 주변의 소문에 솔깃해 그릇된 판단을 하기 쉽다. 주식시장에서는 확인되지 않은 온갖 루머가 난무한다. 소위 '~카더라' 하는 주식이 부지기수다. 작전주라는 말이다. 금융감독원, 증권거래소 등의 증권 유관 기관에서는 작전주에 대한 모니터링을 강화하고 있다. 하지만 검증시스템이 계속 발전하듯이 작전 세력의 매매도 더욱 치밀한 방법으로 진화하고 있다.

지인의 말이나 떠도는 루머에 현혹되어 작전주에 발을 잘못 담그게 되면 큰 낭패를 보게 된다. 운 좋게 급등해서 큰 시세 차익을 거둘 수도 있다. 하지만 욕심 때문에 더 많은 자금을 쏟아 부어 한탕을 노리다 결국에는 모든 돈을 허공에 날리는 경우가 허다하다. 사람의 욕심이라는 것은 끝도 없다. 작전주의 궁극적인 목표는 일반 선량한 투자자들에게 수익을 내주기 위함이 아니다. 선량한 투자자들의 돈을 갈취해 가는 것이 목적이기 때문에 항상 조심해야 한다. 작전주의 주요 타깃은 유통 물량이 많은 대형주가 아닌 물량이 한정된 소형주다. 알지도 못하는 주식을 주변의 얘기만 듣고 산다는 것은 주식 투자에서는 곧 자살행위나 마찬가지다. 자신이 잘 모르는 주식은 절대로 매매하지 말아야 한다.

주식 투자의 기본은 안정적인 펀더멘털이다. 가장 기본은 실적이고 실적이 뒷받침되면서 지속가능한 성장성이 더해진다면 장기적으로 상승 기조를 유지할 수 있다. 하지만 펀더멘털이 아닌 단순히 확인되지 않은 루머 등으로 급등한 종목은 언젠가는 다시 제자리를 찾아가게 된다. 총체적인 부실로 인해 상장 폐지가 될 수도 있다. 여유 자금으로 좋은 주식을 사면 떨어지더라도 버틸 수 있고 기다릴 수 있다. 그러나 작전주에는 탈출구가 없다.

당신이 남들이 다 하니까 돈 좀 벌어 볼 마음으로 주식 투자를 하고 있다면 당장 주식 투자를 그만두어라. 제발 주식 투자를 운에 맡기지 말기 바란다.

> 참고

투자 대가들의 투자 원칙

워렌 버핏의 투자 원칙

1. 가치투자를 실천하라
2. 사업을 이해하라
3. 장기적인 관점을 가져라
4. 우량기업에 투자하라
5. 경영진의 질을 평가하라
6. 가격과 가치를 혼동하지 마라
7. 과도한 부채를 피하라
8. 시장의 변동성을 기회로 삼아라

피터 린치의 투자 원칙

1. 이해하는 사업에 투자하라
2. 철저한 조사와 분석으로 기업의 가치를 평가하라
3. 주가 변동을 기회로 삼아라
4. 성장 가능성이 큰 기업에 투자하라
5. 기업의 펀더멘털에 주목하라
6. 다양한 산업과 회사에 분산투자하라
7. 단기 변동에 연연하지 말고 장기적인 관점에서 투자하라
8. 현금흐름을 중시하라
9. 일상생활에서 투자 아이디어를 찾아라
10. 시장의 잡음을 무시하라

잭 보글의 투자 원칙

1. 단기적인 시장 변동에 휘둘리지 말고 장기투자하라
2. 단기적으로 시장을 예측하지 마라
3. 다양한 자산에 분산투자하라
4. 복잡한 투자전략이 아닌 단순한 전략을 유지하라(복잡한 상품보다 단순한 인덱스 펀드를 선호)
5. 시장의 평균수익을 추구하라
6. 감정에 휘둘리지 마라
7. 인내심을 가져라
8. 기본 원칙을 지켜라
9. 배당금을 재투자해서 복리 효과를 극대화하라

존 템플턴의 투자 원칙

1. 낙관론이 지배할 때 매도하고, 비관론이 지배할 때 매수하라
2. 글로벌 분산투자를 하라
3. 저평가된 자산을 발굴하라
4. 장기적인 시각에서 투자하라
5. 투자를 결정하기 전에 조사와 분석을 철저하게 하라
6. 기대치를 낮추고 노력을 많이 하라

PART 2

은퇴 준비 이야기

PART 1에서는 자산관리와 관련한 일반적인 사항들을 살펴보았다. PART 2에서는 본격적으로 은퇴 준비와 관련한 이야기를 해보려 한다.

은퇴 준비를 위해 우리는 고민을 많이 해야 한다. 하지만 쉼 없이 달리다 보면 정작 중요한 은퇴 준비에 소홀해지기 쉽다. 우리의 삶은 마치 폭주하는 기관차와 같다. 대학교를 졸업하고 20대 후반에 취업을 한다. 취업 후에는 결혼도 준비해야 하고, 결혼 후에는 자녀를 낳고, 자녀 교육과 뒷바라지에 여념이 없다. 집도 장만해야 한다. 자녀가 성인이 되면 결혼을 준비시켜야 한다. 그러다 보면 어느새 60대가 된 자신을 발견하게 된다. 그런데 모여 있어야 할 돈은 온데간데없다. 머리숱은 점점 줄어들고 흰머리만 늘어난다. 가진 것 없이 초췌한 60대가 되어 있는, 거울에 비친 자신을 발견하게 된다. 참으로 고달픈 게 우리네 인생이다.

▌ 생애 주기

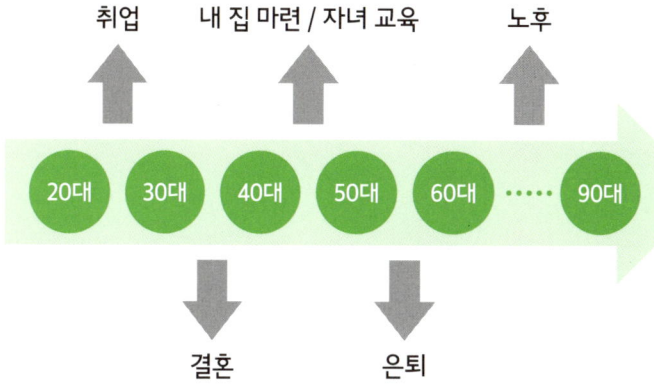

　지금은 대학교에 들어가기도 어렵다. 특히 수도권 대학교에 대한 집중화 현상이 더욱 두드러지고 있다. 대학교를 졸업하고 나면 또 다른 난관이 기다린다. 아무리 좋은 대학교를 졸업해도 취업하기가 쉽지 않다. 취업을 하지 못한 취업 준비생들은 매년 늘어만 간다. 통계청에서 발표한 2024년 6월 고용 동향에 따르면 30세 이하 취업자 수는 20개월 연속으로 감소했다. 60대, 70대 이상 취업자 수는 늘어나고 정착 사회에 첫발을 내딛어야 할 젊은이들은 일자리를 제대로 찾지 못하고 있다. 그렇다 보니 더 높은 학력을 위해 뜻하지 않게 대학원과 박사과정을 선택하기도 한다. 그래도 여전히 취업의 문은 좁기만 하다. 대학교에서의 낭만을 느끼지도 못하고 일찍부터 취업을 준비하는 과정이 너무나 힘들어 보이고 안쓰럽다. 필자가 대학교를 졸업하고 취업하던 시기는 1990년대 초로 고도성장기였다. 조금만 노력하면 큰 어려움 없이 직장을 구할 수 있었다. 대학 생활을 충분히 즐기면서도 웬만한 기업에 취업

할 수 있었다. 기업들이 몸집을 불려가며 본격적인 도약을 준비하는 시기여서 많은 인력이 필요했다. 고등학교를 졸업해도 취업이 어렵지 않았다. 하지만 지금은 상황이 다르다. 대학교를 들어가기도 어렵지만 대학교에서 아무리 좋은 스펙을 쌓더라도 취업은 하늘의 별따기만큼이나 어렵다.

어렵게 취업을 해도 또다른 관문이 기다리고 있다. 결혼을 해야 하는데 준비 과정이 너무 험난하다. 신혼집을 마련해야 하지만 전셋값이 상상을 초월한다. 월급을 한 푼도 쓰지 않고 최소 5~10년은 모아야 수도권에서 아파트 전세를 겨우 구할 수 있다. 필자는 결혼 당시 회사에서 전세자금 대출을 받아 신혼집을 구했다. 그때만 하더라도 회사에서 낮은 금리로 대출해주었고, 여기에 조금만 보태면 신혼집을 구하는 데 큰 어려움이 없었다. 그러나 지금은 아파트 전셋값이 천정부지로 올라 있어 혼자 돈을 벌어 결혼한다는 것 자체가 불가능에 가깝다. 부모님의 힘을 빌릴 수밖에 없다. 부모 찬스를 써서 어렵사리 전세를 구해 결혼생활을 시작하더라도 다음 난관에 부딪힌다.

자녀를 낳아 키우고 교육해야 한다. 교육열이 전 세계에서 가장 높은 나라에서 자녀를 키우는 것은 험난하고도 긴 여정이다. 사교육비가 엄청나다. 사교육비가 부담스럽지만 내 아이를 경쟁에서 뒤처지게 할 수 없다는 일념으로 사교육에 올인한다. 한참 뛰어놀면서 커야 할 나이의 아이들은 몸만 어린애일 뿐 학원 뺑뺑이를 도는 환경에서 초등학교 때부터 마음은 이미 훌쩍 커버린 어른이 되어 간다. 아이를 많이 낳을 수도 없다. 신혼부부 중에서 아이를 갖지 않는 딩크족(아이를 갖지 않는 맞벌이 부부)이 늘고 있는 것은 어찌 보면 자연스러운 현상일 수도 있다.

30:30:30 법칙이 있다. 30년 공부하고, 30년 회사 생활을 하고, 은퇴 이후 30년을 산다는 얘기다. 30년 공부하는 동안은 부모의 희생이 절대적이고, 회사 생활 30년은 본인이 부모가 되어 자녀를 뒷바라지하며 열심히 살아가는 기간이다. 은퇴 이후 30년은 자녀의 도움을 받거나 아니면 준비한 은퇴 자금으로 30년 노후를 살아야 하는 시기다. 노후 30년이 편하게 즐기면서 살 수 있는 30년이 될지 아니면 지옥 같은 30년이 될지는 아무도 모른다. 하지만 분명한 사실은 은퇴 준비 없이 맞이하는 30년은 지나온 60년의 삶보다 훨씬 힘들고 고달프다는 점이다. 한국의 고령화 속도는 상상을 초월한다. 100세 시대라는 말이 일반화되고 있다. 이제는 30:30:30법칙이 아닌 30:30:40법칙으로 수정해야 할 수도 있다. 은퇴 후에 30년이 아닌 40년을 더 살아야 하는데 준비 없이 은퇴한다는 것은 그냥 삶을 포기하는 것이나 마찬가지인 셈이다.

은퇴 준비와 관련한 강의를 섭외할 때 제일 어려운 점은 "왜 열심히 회사 생활을 하고 있는 지금 굳이 은퇴 준비와 관련한 이야기를 들어야 하느냐?"라는 반문을 듣는 것이다. 특히 교육 담당자가 이렇게 생각하면 애초부터 강의할 기회는 없는 것이다. 은퇴 준비라는 것은 빠르면 빠를수록 좋은 것인데 은퇴 준비에 대한 불편한 인식 때문인지 강의 자체를 꺼리는 경향이 너무 강하다. 막상 은퇴하고 나서야 많은 사람이 '왜 좀 더 일찍부터 은퇴 준비를 하지 못했을까?'라는 후회를 하게 된다. 필자도 50대 중반에 은퇴하고 지나온 삶을 되돌아보면서 반성을 많이 하고 있다. 나름 은퇴 준비를 했지만 여전히 부족한 것이 많다. 뼈저리게 반성하는 한편, 은퇴 준비와 관련한 내용에 현실적으로 접근해 40~50대가 은퇴를 준비하는 데 조금이라도 도움을 주고 싶다.

은퇴 준비를 미리미리 잘해서 은퇴 이후 노후를 위한 자금을 충분히 준비해야 한다는 말은 누구나 쉽게 얘기할 수 있다. 문제는 현실적으로 은퇴 준비를 할 때 장벽이 너무 높다는 점이다. 장벽이 아무리 높더라도 장벽을 넘어야만 한다. 그러면 지금부터 편안한 노후를 위한 은퇴 준비를 어렵게 하는 장벽이 무엇인지 살펴보고 그 장벽을 넘어설 수 있는 대안을 찾아보도록 하겠다.

PART 2 은퇴 준비 이야기

1 빠른 속도로 진행되는 고령화와 비례해서 늘어나는 노후 자금

전 세계에서 가장 빠르게 진행되고 있는 한국의 고령화

　한국의 고령화 속도는 전 세계에서 유래를 찾아볼 수 없을 정도로 빠르다. 앞으로 고령화 문제는 사회적으로 큰 이슈가 될 수밖에 없다. 내가 원하든 원치 않든 평균연령이 높아져 오래 살아야 한다. 오래 살아야 하는데 노후 자금이 부족하다면 얼마나 불행하겠는가? 손을 벌릴 곳도 없다. 나라의 곳간에도 한계가 있다. 무한정으로 노인 복지를 위해 돈을 펑펑 쓸 수도 없다. 그래도 입에 풀칠이라도 하며 살아야 하는데 말이다. 그렇다면 돈을 벌기 위한 경제 활동이라도 지속적으로 해야 한다. 그런데 일자리는 턱없이 부족하다. 그렇다고 60대, 70대 노인들이 막노동을 할 수도 없다. 육체적으로 힘든 일을 하게 되면 오히려 버는 돈보다 더 많은 돈이 병원비로 들어갈 것이다.

　2050년이 되면 60세 이상 인구가 전 세계 인구의 1/4을 차지할 것이라고 한다. 고령화 문제는 비단 한국만의 문제가 아니다. 하지만 한국의 고령화가 더 심각한 이유는 그 속도가 상상을 초월할 정도로 빠르기 때문이다. 이미 가파른 고령화로 인해 많은 문제가 발생하고 있다. 이 상황을 정말 심각하게 받아들여야 한다. 준비 없는 은퇴가 우리의 삶을 얼마나 고통스럽게 할 수 있는지에 대해 깊이 고민해보아야 한다.

UN에서는 65세 이상을 노인으로 분류하고 있다. 전체 인구 중에서 65세 이상 인구의 비중이 7%를 넘어서면 고령화사회, 14% 이상이면 고령사회, 20% 이상이면 초고령사회라고 한다. 한국은 2000년에 65세 이상 인구의 비중이 7%를 넘어 고령화사회에 진입했고, 17년이 지난 2017년에 14%를 넘어서 고령사회가 되었다. 2023년 통계청 자료 기준으로 65세 이상 인구는 950만 명을 넘었으며 전체의 18.4%를 차지하였다. 2025년에는 20.6%로 20%를 넘어 초고령사회 진입이 기정사실화되어 있다. 불과 8년 만에 고령사회에서 초고령사회로 진입하게 된다. 2035년에는 65세 이상 인구의 비중이 30%를 넘어서고, 2050년에는 40%, 2070년이 되면 전체 인구 중에서 50%가 65세 이상 노인으로 채워질 전망이다. 인구의 절반이 65세 이상이라는 전망은 상상만 해도 아찔하다. 한국은 현재 70대 이상 인구의 비중이 11%로 10명 중에서 1명 이상이 이미 70대인, 고령화된 나라다.

■ 고령화 구분

구분	65세 이상 인구 비중
고령화사회	7% 이상
고령사회	14% 이상
초고령사회	20% 이상

■ 한국의 고령화 추이 (단위 : %)

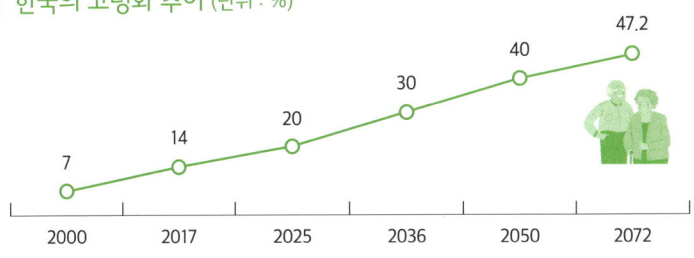

〈자료원: 통계청 장래인구 추계, 2023년 기준〉

고령화 속도가 가장 빨랐다는 일본은 1970년에 고령화사회(7%)에 진입한 이후 24년이 지난 1994년에 고령사회(14%)에 진입했다. 그리고 2006년에 초고령사회(20%)가 되었다. 고령사회에서 초고령사회로 진입하기까지 12년이 걸렸다. 일본은 2023년 기준으로 65세 이상 인구의 비중이 29.1%로 2025년이 되면 30%를 넘어설 것으로 예상된다. 20%에서 30%까지 도달하는 데 19년이 걸리는 셈이다. 고령인구의 증가 속도는 더 가팔라지고 있다. 일본은 이미 70세 이상 인구의 비중이 23%이고, 80세 이상 인구의 비중도 10%를 넘어섰다. 10명 중에서 2명 이상은 70대이고, 10명 중에서 1명은 80세가 넘은 노인이라는 현실에 직면해 있다.

한국의 고령화 속도를 일본과 비교해 보면 한국이 얼마나 미친 속도로 고령화가 진행되고 있는지 실감할 수 있다. 한국은 2017년에 고령사회에 진입 이후 8년만인 2025년에는 초고령사회에 진입할 것으로 예상된다. 전 세계에서 고령화 속도가 가장 빨랐던 일본이 초고령사회에 진입하는 데 12년 걸렸는데 한국에서는 그 속도보다 무려 1.5배나 빠르게 진행되고 있다. 일본은 65세 인구의 비중이 20%(2006년)에서 30%(2025년)까지 도달하는 데 19년이 걸렸지만 한국은 20%(2025년)에서 30%(2035)로 늘어나는 데 10년이 채 걸리지 않을 것으로 예상된다.

■ 한국과 일본의 고령화 추이 비교 (단위 : 년)

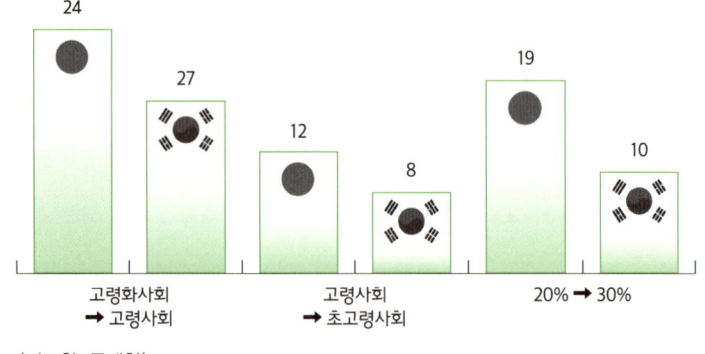

〈자료원: 통계청〉

OECD 주요국들의 고령사회에서 초고령사회 도달(예상) 연수를 비교해 보면 한국의 고령화가 얼마나 빠른 속도로 진행되고 있는지를 더 확연하게 알 수 있다. 평균적으로 고령사회에서 초고령사회로 진입하는 데 최소 20년 이상 걸리는 게 일반적이다. 영국의 초고령사회 도달 연수는 무려 50년이다. 한국의 고령화가 이렇게 빠른 속도로 진행되고 있지만 이에 대한 대응은 더디기만 하다. 정부에서 노인을 위해 기본적인 생계를 유지할 수 있도록 무언가를 해줄 것이라는 기대는 아예 하지 않는 것이 좋다. 정부만 믿고 은퇴 준비를 하지 않는다면 정말 비참한 삶이 우리를 기다리고 있을 것이다.

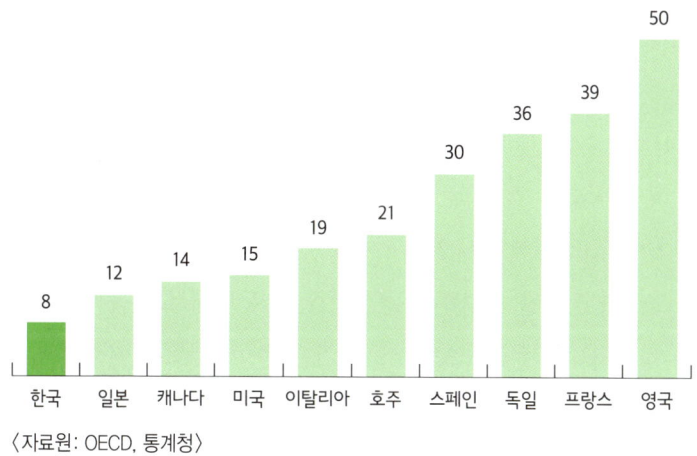

OECD 주요 국가별 고령사회 ➡ 초고령사회 도달 연수 비교 (단위 : 년)

〈자료원: OECD, 통계청〉

현재 한국의 노인 기준은 65세다. 이는 1981년 제정된 노인복지법에 따른 것이다. 모든 노인 복지 혜택은 이 기준에 맞추어 추진되고 있다. 하지만 1981년 당시 한국인의 평균수명은 66세에 불과했다. 현재 한국인의 평균수명은 82.7세(남자 79.9세, 여자 85.6세. 2022년 통계청 자료 기준)이다. 전 세계의 평균수명인 72.6세(UN 2023년 기준)보다 10년이나 길다. 선진국의 대부분은 평균수명이 80세 이상이고, 개발도상국 중에는 60세 이하인 국가가 많다. 한국인의 평균수명은 순위로 따지자면 전 세계 10위권 안에 든다. 반면 보험개발원이 국내 생명보험 가입자를 대상으로 평균수명을 측정해 기재한 경험생명표(2023년 말 기준)에 따르면 남성 86.3세, 여성은 무려 90.7세였다. 이제 평균수명 90세 시대가 도래한 것이다. 오래 살아야 하니 필요한 노후 자금은 계속 늘어날 수밖에 없다. 평균수명은 계속 길어지고 65세 이상 인구는 급격히 늘어나고 있는 현실을 어떻게 받아들여야 할까? 이 많은 노인이 과연 어떻게 노후를 살아갈 것인지 너무 궁금하기도 하고 걱정된다.

60세가 되면 무조건 퇴직해야 하고 생계를 위해 다시 새로운 일자리를 찾아야 한다. 냉정한 현실이다. 이제는 60세 정년이라는 틀에서 벗어나야 하고, 65세인 노인의 기준도 상향 조정되어야 한다. 우리보다 먼저 고령화 문제를 심각하게 경험한 일본은 발빠르게 움직이고 있다. 60세 정년을 폐지하고 65세로 늘려가는 중이며, 노인 기준도 70세로 상향하려는 움직임이 활발해지고 있다. 한국도 이러한 문제 해결에 대한 고민을 심각하게 해야 할 시기다. 하지만 정부의 대응은 미온적이고 실망스럽기만 하다.

한국 연령대별 인구 비중의 특징 - 급증하는 60대, 70대 이상 인구

현재 한국의 전체 인구에서 가장 큰 비중을 차지하는 연령대는 50대다. 그다음으로 40대, 60대, 30대의 순이다. 연령대별 인구 비중 추이를 보면 눈길을 끄는 두 가지를 발견할 수 있다. 하나는 60대 이상 인구의 비중이 가파르게 높아지고 있다는 점이다. 전체 인구의 18.6%를 차지하고 있는 2차 베이비부머세대(1964~1974년생)가 50대에서 60대로 진입하게 되면 10년 안에 60대 이상 인구의 비중이 전체 인구의 40%를 훌쩍 넘어설 것이다. 이렇게 60대 인구의 비중이 빠른 속도로 높아지고 있는데 정작 이들을 위한 일자리는 많지 않다. 회사에서 일할 수 있는 정년은 60세로 한정되어 있다. 더 일하고 싶어도 회사를 떠나야 한다. 회사라는 큰 울타리를 벗어나 새로운 세상에 마주해야 하는 참담한 심정은 은퇴한 사람만이 안다.

또 하나 눈길을 끄는 것은 70대 이상 인구의 비중이 2023년을 기점으로 20대 인구의 비중을 추월했다는 사실이다. 이제는 전체 인구 중에서 20대보다 70대 이상 노인이 더 많아진 것이다. 70대 이상 인구의 비중은 2023년 기준으로 12.3%다. 더 세분화해서 보면 70대가 7.7%, 80대 4.0%, 90대 이상이 0.6%다. 100세가 넘는 분도 8,537명이다. 60대 인구 비중과 70대 이상 인구 비중의 증가 속도가 가장 가파르다. 과연 이 많은 노인은 어떻게 살고 있을까? 은퇴 준비를 잘해서 여유롭게 생활하고 있는 노인은 얼마나 될까? 은퇴 준비가 제대로 되지 않았다면 노후 자금이 부족해 생계를 위해 생활전선에 힘겹게 뛰어들어야 한다. 하지만 노인들을 위한 일자리는 턱없이 부족하다. 운 좋게 일자리를 구한다 하더라도 임금 수준은 최저임금 수준이고 환경도 열악하다. 생계를 위해 일을 해야 하지만 일을 한다고 해서 생활 형편이 쉽게 나아지지는 않을 것이다. 평생을 일만 하다가 죽을 수도 있다.

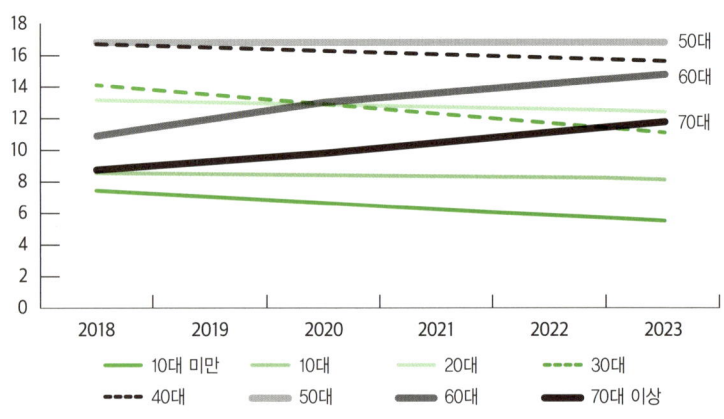

2014~2023년 연령대별 인구 비중 추이 (단위 : %)

〈자료원: 행정안전부 2023년 주민등록 인구통계분석〉

2차 베이비부머세대(1964~1974)의 퇴직이 다가오고 있다

1차 베이비부머세대(1955~1963)의 인구는 705만 명에 달한다. 이들 세대는 이미 정년이 되어 모두 은퇴했다. 문제는 1차 베이비부머세대에 이어 2차 베이비부머세대(1964~1974)의 은퇴가 본격적으로 시작됐다는 점이다. 2차 베이비부머세대는 무려 954만 명으로 전체 인구의 18.6%를 차지한다. 954만 명 중에서 자영업자나 무직자가 아닌 산업 현장에서 일하는 인구가 740만 명에 달한다. 필자도 2차 베이비부머세대다. 1964년생들이 올해부터 정년으로 퇴직한다. 평균 퇴직 연령이 50세 전후인 점을 고려한다면 이미 1974년생들도 자의적이든 타의적이든 퇴직이 본격적으로 시작됐다고 봐야 한다. 이미 은퇴를 한 1차 베이비부머세대를 포함해 이들 세대가 은퇴 이후에 제자리를 잡지 못한다면 사회적으로 큰 파장이 발생할 수 있다. 이들이 경제 활동을 지속적으로 하지 못하고 빈곤해지면 소비 감소로 인해 내수 기반이 급격히 무너질 가능성이 높다. 실제로 한국은행 보고서에 따르면 2차 베이비부머세대가 본격적으로 은퇴하면 한국의 연간 경제성장률이 0.38%씩 하락할 것이라고 한다. 그만큼 이들의 은퇴와 은퇴 이후의 역할이 사회적으로도 중요한 관심 사안이다.

현재 40대 이하 연령대의 인구는 계속 감소하고 있다. 이들이 빠른 속도로 늘어나고 있는 50대 이상 연령대들을 부양해야 할 부담은 더욱 가중될 것이다. 2023년 말 기준으로 생산가능인구(15~64세)는 전체 인구의 70.0% 차지하고 있다. 하지만 40대 이하 인구가 모두 감소세를 보이고 있어 생산가능인구 비중은 계속 낮아질 가능성이 높다. 부양해야 할 노인은 늘어나고 일할 수 있는 사람들은 줄어들어 심각한 경기침체가 우려된다. 법정 정년을 연장하거나 퇴직자들을 재고용해서 고용시장을 활성화할 수 있는 대책을 시급히 마련해야 한다. 하지만 정부는 이를 진정성 있게 걱정하는 것 같지 않다. 내놓는 대책도 별로 없지만 나오는 대책들도 생색을 내기 위한 수박 겉핥기에 그치고 있다. 국회의원이라는 사람들은 평생 직장처럼 80세가 넘어도 나이 제한 없이 출마하는데 정착 일이 필요한 사람들은 일자리가 없어 난리다. 도대체 무슨 기준인지 모르겠다.

고령화로 인해 평균수명은 늘어나는데 너무 이른 퇴직 연령

2022년 기준 통계청 자료에 따르면 한국인의 평균 퇴직 연령은 49.3세에 불과하다. 충격적인 숫자다. 50세를 전후해서 퇴직해야 한다는 것이다. 여러 전문 기관에서 퇴직자를 대상으로 진행한 설문 결과도 평균적으로 50세를 전후해서 퇴직하는 것으로 조사되었다. 퇴직 사유를 살펴보면 비자발적 퇴직이 무려 41%를 차지한다. 60세 정년까지 회사를 다니고 퇴직하는 정년퇴직은 13% 내외에 불과했다. 비자발적 퇴직은 권고사직을 의미한다. 현실적으로 얘기하자면 퇴직자의 41%가 자신의 의지와는 상관없이 회사를 그만둔다는 것이다. 50세 전후의 나이는 소득이 정점에 있는 시기이기도 하지만 소비하는 돈이 가장 많은 시기이기도 하다. 자녀에게 들어가는 사교육비와 생활비 씀씀이가 절정에 이르러 있다는 얘기다.

모든 것이 정점에 달했을 때 타의에 의해서 회사를 그만두게 된다면 그 충격은 매우 크다. 벌이가 끊기는데 교육비는 물론이고 씀씀이를 바로 줄이는 것은 쉽지 않다. 벌어 놓은 돈으로 퇴직 후에 어느 정도 생활이 가능하지만 새로운 직장을 구하지 못한다면 오래 버티기 힘들다. 정년이 60세인데 이보다 10년이나 빠른 50세에 퇴사하면 이는 너무 이르다. 퇴직하기에 너무 이른 나이지만 막상 회사를 나와 보면 재취업을 하기에는 너무 늦은 나이다. 퇴직하기에는 너무 이르고 재취업하기에는 너무 늦은 나이라는 게 참 아이러니하다.

자발적으로 회사를 나오는 사람들은 그래도 퇴사 이후의 상황에 어느 정도는 대비했을 가능성이 높다. 아무런 준비도 하지 않고 덜컥 감정에 북받쳐 사표를 던지지는 않았을 것이다. 문제는 권고사직을 갑작스럽게 통보받았을 때다. 퇴직 이후를 준비할 시간적 여유 없이 비자발적으로 회사를 나오게 되면 당황스러운 상황에 놓인다. 무슨 일이든 할 수 있다고 자신을 위로해 보지만 막상 현실에 부딪쳐 보면 새로운 직장 구하기가 얼마나 어려운지 실감하게 된다. 이렇게 되면 자괴감에 빠질 수밖에 없다. 가장 좋은 케이스는 정년까지 회사를 다니는 것이다. 정년까지 회사를 다니게 되면 50대 중후반부터 마음의 준비를 하면서 은퇴 이후에 대한 계획을 세울 수 있다. 하지만 40대 중후반, 50대 초반에 갑작스럽게 마주한 준비 없는 퇴직은 자신을 더욱 초라하게만 할 뿐이다.

퇴직자를 대상으로 한 설문조사에 따르면 전체의 52.5%가 노후 준비가 전혀 되어 있지 않은 상태에서 퇴직한다고 한다. 퇴직자의 50%가 넘는 사람들이 아무런 준비 없이 지금까지 살던 세상과는 전혀 다른 세상에 내던져지는 것이다. 은퇴 이후의 세상은 준비를 잘했느냐 못했느냐에 따라 전혀 다르게 펼쳐진다. 세상이 험난한 비탈길이 될 수 있고 안식처가 될 수도 있다. 선택은 각자의 몫이다.

고령화로 인해 생기는 사회적인 문제들

고령화는 사회적인 문제를 많이 야기시킨다. 특히 은퇴 준비를 제대로 하지 못하고 맞이하는 고령화는 삶을 고단하게 할 뿐이다. 고령화로 인해 발생하는 문제의 근본적인 원인은 대부분 노후 준비가 제대로 되어 있지 않아 생기는 경제적인 어려움이다. 그렇다면 준비 없이 맞이하는 고령화로 인해 생기는 부작용들은 무엇일까? OECD 38개 회원국 중에서 고령화로 인한 불명예스러운 1위 타이틀을 4개나 가지고 있는 국가는 한국뿐이다. 노인빈곤율 1위, 노인자살률 1위, 65세 이상 경제활동참가율 1위, 실질은퇴연령 1위가 바로 그것이다. 불명예스러운 1위가 더 있을 수도 있지만 들춰낼수록 마음만 아플 뿐이다.

노인빈곤율 1위

한국은 OECD 회원국 중에서 노인빈곤율 1위라는 타이틀을 가지고 있다. 한국의 노인빈곤율은 OECD 기준으로 40.4%로 OECD 평균인 14.2%보다 무려 2.85배 높다. OECD가 집계하는 노인빈곤율은 노인 중에서 평균소득이 전체 가구의 중위 가처분소득 대비 50% 미만인 비율을 의미하는 것으로 실물자산은 고려하지 않는다. 선진국에 포함되어도 손색이 없다고 자부하는 한국이 노인빈곤율 1위라는 사실이 믿어지지 않는다. 여기에는 약간의 모순도 존재한다. 실물자산을 고려하지 않았다는 점이다. 한국의 65세 이상 노인들의 평균자산은 2023년 통계청 기준으로 5억 714만 원이라고 한다. 그런데 문제는 이들 자산 중의 81.3%인 4억 1,242만 원이 부동산이라고 한다. 바로 유동화할 수 없는 자금을 깔고 앉아 있는 셈이다. 재산상으로는 가난하지 않지만 삶은 가난하다. 자산의 대부분을 부동산으로 보유하고 있는 상황에서 소득이 없으니 노인빈곤율이 수치상으로 높게 나오는 것이다. 하지만 실물자산 평균이 높다고 해서 노인 대부분이 부동산을 보유하고 있는 것은 아니다. 실물자산도 빈익빈 부익부 현상이 심해 가난한 사람들에게는 아예 부동산이 없다. 솔직히 4~5억 원대의 아파트가 있다면 주택연금 등을 통해 연금화할 수 있어 노후 자금으로 활용할 수 있다. 하지만 부동산 즉 실물자산을 보유하고 있는, 상위 10% 내에 있는 노인들은 대부분 생활하는 데 노후 자금을 넉넉하게 보유한 사람들이다. 정작 빈곤에 허덕이는 노인들은 당장 연금화할 수 있는 아파트도 없고 주거지도 불안정하기 때문에 하루하루 삶이 버겁기만 하다.

노인빈곤율이 높아지면서 생기는 심각한 문제가 바로 고독사다. 가족과의 연락이 끊기고 생계가 어려운 노인이 홀로 남아 쓸쓸하게 생활하다 사망하는 사례가 늘어나고 있다. 집을 찾는 이도 없다 보니 집안에서 무슨 일이 발생하는지 아무도 모른다. 만약 함께 생활하는 사람이 있다면 응급처치 후 병원에서 치료할 수 있는 병도 갑작스럽게 쓰러져 응급조치가 이루어지지 않아 사망에 이르는 경우도 많다. 여기에 더해 사망하고 나서 한참 후에 사망 사실이 확인되는 안타까운 일들도 있다. 특히 남성의 고독사가 여성보다 5배나 많다고 한다. 일본도 고령화로 인한 고독사 문제가 사회 이슈로 부각되고 있다. 일본은 이미 80세 이상 인구의 비중이 10%를 넘어섰다. 건강한 80대라면 모를까 병이 있는 80대가 누구의 도움 없이 살아간다는 것은 정말 힘들다. 공무원이 고령의 독거노인이 사는 집을 방문하며 도시락 등을 제공하는 것도 생사 확인을 기본 전제로 하는 것이기에 한편으로는 마음이 무겁다.

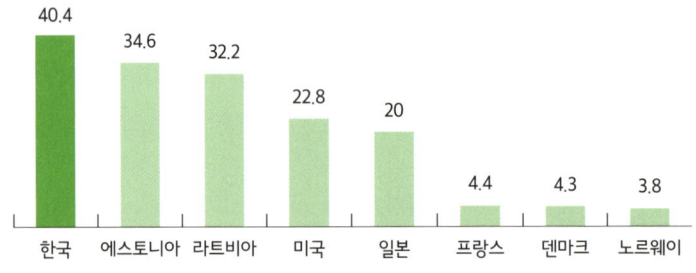

OECD 회원국 65세 이상 노인빈곤율 (단위 : %)

〈자료원: OECD, 통계청〉

노인자살률 1위

삶이 힘들고 고달프다 보니 늘어나는 것이 바로 노인 자살이다. 한국은 불명예스럽게도 노인빈곤율과 함께 노인자살률도 OECD 회원국 중에서 1위를 차지하고 있다. OCED 평균의 2배가 넘는다. 이는 노인빈곤율과 직결된다. 경제적인 어려움이 가중되다 보니 결국에는 자살률이 높아지는 상황으로 연결되는 것이다. 특히 80대의 자살률이 모든 연령대에서 가장 높다고 한다. 노인이 자살을 택하는 가장 큰 이유는 경제적인 어려움과 건상상의 문제 때문이다. 이러한 문제들이 비단 남의 일만은 아니다. 노후 준비를 제대로 해 놓지 못하면 가까운 미래에 누구에게나 발생할 수 있는 일이다.

얼마나 삶이 힘들고 지치면 자살까지 생각하겠는가? 삶을 포기하고 스스로 생을 마감한다는 것은 생각만 해도 너무 슬픈 일이다. 이 문제는 현재 우리의 부모 모습 또는 가까운 미래의 우리 모습이 될 수도 있다. 먼 미래에는 우리 자녀의 모습이 될 수도 있다. 필자는 노인자살률 1위의 요인을 단순히 경제적인 어려움이나 건강상의 문제에서만 찾고 싶지 않다. 정신적으로 건강하다면 자살 충동을 이겨낼 수 있다고 본다. 정신적으로 건강하게 사는 데 가장 필요한 것은 바로 가족의 끈끈한 정이다. 가족의 따뜻한 정이 있다면 삶을 쉽게 포기하지 않을 것이다. 자살하는 노인의 대부분은 가족과 단절되어 혼자 사는 분이다. 한국은 노인복지 제도가 나름대로 잘 되어 있는 국가다. 그럼에도 불구하고 자살률이 높다는 것은 많은 것을 고민하게 한다.

선진국 국민을 대상으로 "삶에서 가장 소중하고 의미 있는 것이 무엇인가?"라는 설문조사를 하면 1순위로 나오는 답이 가족이다. 한국에서는 1순위가 돈이지만 선진국에서는 1순위가 가족이라는 사실은 우리에게 시사하는 바가 크다. 물론 노후를 편하게 보내려면 돈은 꼭 필요하다. 하지만 돈보다 더 중요한 것은 화목한 가정에서 얻을 수 있는 건강한 마음과 정신이다. 금전적인 여유가 많지 않더라도 가족과 함께 정신적으로 건강한 삶을 살게 된다면 노인자살률은 자연스럽게 낮아질 수 있다. 나중에 따로 언급하겠지만 은퇴를 준비하는 과정에서 가장 중요한 것 중의 하나가 바로 가족관계라는 점을 강조하고 싶다.

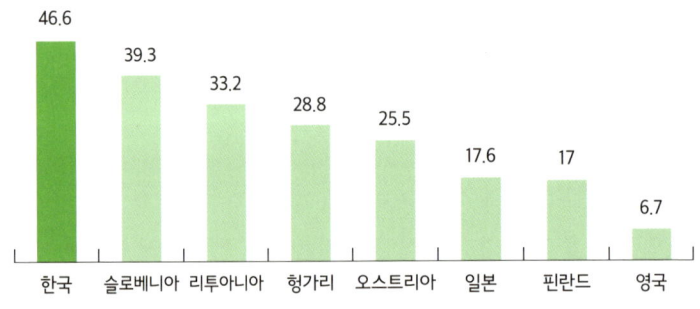

OECD 주요국 65세 이상 노인자살율 (단위: 10만명 당 명)

〈자료원: OECD, 통계청〉

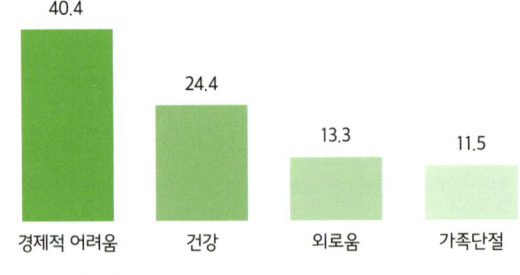

노인 자살의 주요 원인 (단위: %)

〈자료원: 통계청〉

65세 이상 경제활동참가율 1위

한국은 노인으로 분류되는 65세 이상 인구의 경제활동참가율이 37.3%로 전 세계에서도 단연 최고다. OECD 평균 15.9%보다 2배 이상 높다. 은퇴해서 노후에 편하게 지내야 할 나이에도 계속 일하고 있다는 것이다. 하지만 정작 25~64세의 경제활동참가율은 76.8%로 OECD 38개 회원국 중에서 33위에 머물러 있다. OECD 평균인 78.8%에도 미치지 못한다. 그만큼 일자리가 넉넉하지 못하다는 얘기다. 열심히 일해야 할 나이에는 일자리가 부족해 1/4이 일자리를 얻지 못하고 있다는 현실이 슬프다.

단순하게 수치만 보면 나이 들어서도 일할 수 있는 일자리가 많은 것으로 오해할 수 있다. 노인의 높은 경제활동참가율이 삶의 질과 만족도를 높여주는 것으로 이어진다면 더할 나위 없이 좋다. 그러나 실상은 그렇지 못하다는 게 문제다. 나이가 들어도 일할 수 있는 기회가 제공된다고 좋아할 게 아니고 나이가 들어도 생계를 위해 계속 일해야 한다는 현실에 슬퍼해야 한다. 노인의 경제활동참가율이 높은데도 노인빈곤율이 높은 것은 결국 경제 활동이 생계 유지 이상의 의미를 부여하지 못하고 있음을 방증한다. 실제로 통계청 자료에 따르면 65세 이상 일을 하고 있는 노인의 45%가 100만 원 미만의 임금을 받고 있다고 한다. 200만 원 이상 임금을 받는 경우는 28%에 불과했다. 이는 일을 하더라도 팍팍한 삶이 나아지지 않는 이유다.

55세 이상 경제 활동을 하는 사람을 대상으로 "몇 살까지 일을 하고 싶은가?"라는 설문조사를 한 결과 일하고 싶은 평균연령은 73세였다. 50대 후반은 70세까지, 60세 초반은 75세까지, 70대는 무려 82세까지 일을 하고 싶다고 답했다. 60대 후반 노인의 평균 근로시간은 34시간으로 하루 5~6시간 일을 한다. 일을 더 하고 싶어도 할 수 없는 상황이다. 여유 있게 여가를 즐기고 본인이 하고 싶은 일을 즐기면서 하는 상황이 아니다. 아마도 많은 시간 일을 할 수 있다면 임금이 낮더라도 기꺼이 받아들일 것이다. 한국인의 건강나이인 73.1세(남자 71.3세, 여자 74.7세, 2019년 통계청 자료 기준)와 정확하게 일치한다. 생계를 위해 아파서 일하기 힘들어질 때까지 일을 해야 하는 현실이 너무 슬프다.

안타까운 현실은 한국의 70대 취업자 수가 오히려 증가하고 있다는 사실이다. 70대에도 취업하려고 하는 이유를 살펴보면 경제적인 이유가 60%에 이른다. 몸이 아프더라도 생계를 위해 어쩔 수 없이 일하려 한다는 것이다. 물론 취미 활동과 연계해서 본인이 원하는 일을 즐겁게 하는 노인도 있다. 하지만 그 비중은 매우 낮다. 노인에게 높은 임금을 주면서 고용할 사업주는 없다. 노인의 경제 활동에 따른 임금은 대부분 저임금이라고 보면 된다. 저임금으로 일을 하다 보니 삶은 나아지지 않고 악순환이 반복된다. 70대에도 생계를 위해 일해야 한다면 얼마나 지치고 고달프겠는가? 그나마도 할 일이 있다는 것에 만족해야 할지도 모른다. 아직도 주변에는 생계를 위해 일이 필요하지만 일자리를 구하지 못해 안절부절못하는 노인이 많다.

많은 노인이 시간을 때우기 위해 공짜인 지하철 대중교통을 이용해 종로 탑골공원 등으로 모여든다. 그냥 멍하니 앉아 있기도 하고 바둑이나 장기 두는 것을 구경하며 시간을 보내기도 한다. 점심 때가 되면 무료로 밥도 준다. 무료급식소 앞에는 공짜로 밥을 먹기 위해 끝이 안 보일 정도로 긴 줄이 자연스럽게 생긴다. 좋은 자리를 차지하기 위해 다툼을 벌이기도 한다. 일자리가 없는 60대 후반이나 70대 노인들이 시설이 훨씬 좋은 경로당에 가지 않는 이유를 아는가? 경로당에 가면 80대 노인들의 텃세가 장난이 아니라고 한다. 소위 젊은 노인이라고 커피 심부름도 시키고 물 심부름도 시킨다. 심지어는 라면도 끓여 오라고 한다고 하니 누가 그런 곳에 가고 싶겠는가? 그런 대접을 받으며 경로당에 갈 필요가 없으니 갈 곳 없는 60대 후반, 70대 노인들이 공원을 찾아 여기저기 다니는 것이다.

일을 하고 싶어도 할 수 없고, 일을 한다고 해도 여유 있는 삶과는 거리가 먼 노인의 삶이 아직 직장에 다니는 40~50대에게는 피부에 와닿지 않는다. '설마 내가…'라고 생각하면 안 된다. 누구든 노후 준비를 하지 않으면 고된 삶을 살게 된다. 그런 삶이 싫다면 지금이라도 당장 은퇴 이후를 고민하고 준비해야 한다.

〈자료원: OECD, 통계청〉

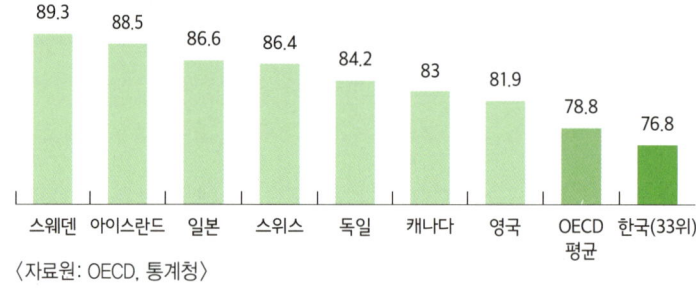

〈자료원: OECD, 통계청〉

실질 은퇴 연령 1위

한국인의 실질 은퇴 연령은 72.3세다. 이는 OECD 회원국 중에서 역시 1위다. OECD 평균 은퇴 연령은 65세다. 고령화가 한국보다 훨씬 심각한 일본도 실질 은퇴 연령이 70.8세로 한국보다 낮다. 퇴직 이후에 노후 자금이 부족해 생계를 위한 경제 활동이 70대까지 계속된다. 국민연금을 수령하는 연령대가 61~65세임을 고려한다면 국민연금을 수령하더라도 생활비가 부족해 경제 활동을 10년 더 해야 한다. 2024년 6월 통계청 자료에 따르면 70세 이상 노인의 경제 활동 참여 비율이 33.1%에 이른다. 70세 이상 노인 100명 중에서 33명은 아직도 생계를 위해 일하고 있다는 현실이 슬프고 안타깝다.

노후 자금을 미리 준비해 두지 못하면 싫더라도 결국 아플 때까지 일해야 한다. 아픈데도 불구하고 돈이 없어 병원에 가지 못해 제대로 된 치료를 받지 못한다면 이 또한 얼마나 서글픈 일인가? 돈도 없고 자녀에게는 부담만 되는 존재가 되는 것이다. 나이가 들수록 노후를 준비한 사람과 준비가 부족한 사람의 빈익빈 부익부 현상은 더 뚜렷하게 나타난다. 은퇴 준비를 잘한 사람들은 건강하게 오래 살지만 은퇴 준비를 제대로 하지 못하면 아플 때까지 일하다 치료도 제대로 받지 못하고 삶을 마감하게 된다.

한국인의 아프지 않고 건강하게 살 수 있는 건강수명은 2022년 통계청 자료 기준으로 65.8세다. 2019년 기준 통계청 자료에 의한 건강나이가 73.1세였는데 불과 3년 만에 건강나이가 7.3년이나 급격하게 줄어들었다. 건강나이가 줄어든 가장 큰 요인은 2019년 코로나 팬데믹이다. 만약 코로나 팬데믹이 없었다면 건강수명은 73세 수준에서 더 늘어났을 수도 있다. 2022년 이후로는 코로나 사태가 진정되고 코로나19, 독감과 같은 질병으로 치료할 수 있게 되었기 때문에 건강수명도 다시 정상 수준으로 회복될 것으로 보인다. 건강하고 여유 있게 살면서 해외여행도 다니면서 사는 것이 과연 사치일까? 이는 미리 노후를 준비한 사람과 준비를 하지 않은 사람의 차이일 뿐이다. 지금이라도 늦지 않다.

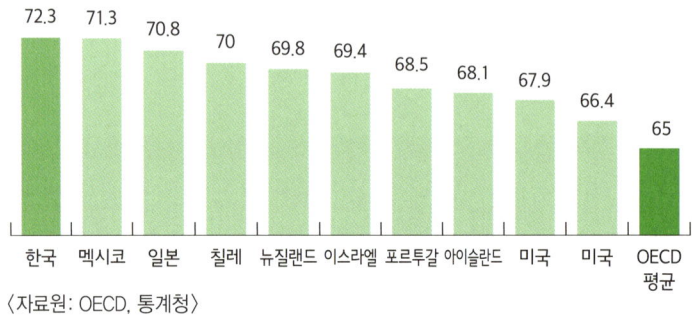

■ OECD 주요국의 실질 은퇴 연령 (단위: 세)

한국 72.3 / 멕시코 71.3 / 일본 70.8 / 칠레 70 / 뉴질랜드 69.8 / 이스라엘 69.4 / 포르투갈 68.5 / 아이슬란드 68.1 / 미국 67.9 / 미국 66.4 / OECD 평균 65

〈자료원: OECD, 통계청〉

고령화에 따른 독거노인 급증

1990년대까지만 하더라도 한국인들은 주로 대가족 형태로 살았다. 그 당시에는 독거노인 문제가 크게 부각되지 않았다. 하지만 핵가족화가 진행되고 가정불화 등으로 분가가 늘어나면서 1인 세대가 급격하게 늘어나기 시작했다. 2023년 통계청 자료에 따르면 한국의 전체 세대 중에서 3인 이상 세대와 4인 이상 세대는 각각 17% 수준에 불과하다. 1인 세대가 무려 41.55%를 차지했다. 미혼 싱글 및 독거노인 등 1인 세대는 이미 1천만 명에 달한다.

여기서 1인 세대의 구성 비율에 주목해야 한다. 20~30대의 경우는 취업 이후 독립하는 경우가 많아 당연히 1인 세대가 많을 수 있는 연령대다. 하지만 1인 세대 중에서 가장 큰 비중을 차지한 연령대는 20~30대가 아니라 60~70대였다. 고령화에 따른 독거노인 급증으로 1인 세대 중에서 70대 이상의 비중이 가장 높았고, 60대가 그다음으로 높았다. 혼자 사는 노인이 많다는 것은 그만큼 많은 리스크에 노출된 채 생활한다는 것이다. 물론 혼자 살더라도 즐겁게 사는 노인도 있겠지만 독거노인의 상당수는 빈곤하게 살아간다. 이들은 가족과도 단절된 채 살아간다. 사회적으로 고립되면서 외로움에 따른 우울증에 걸리기 쉽다. 최저생계비로 생활하는 노인이 많기에 평소에 건강관리에도 소홀하다. 이렇게 사각지대에 놓인 독거노인 비중이 높아지는 것은 결국 노인빈곤율과 노인자살률이 높아지는 악순환으로 연결된다.

독거노인 문제를 해결하기 위해서는 일자리 마련이나 기초연금 등의 지원이 필요하다. 하지만 연금 지원을 위한 재원 마련이 쉽지 않고 나이 든 어르신을 위한 일자리를 마련하는 것도 만만치 않다. 고민만 깊어진다. 가난한 독거노인이 되지 않기 위한 준비는 다음이 아니라 지금부터 해야 한다. 그리고 근본적으로 독거노인이 되지 않기 위해서는 평소에 화목한 가족관계를 유지해야 한다.

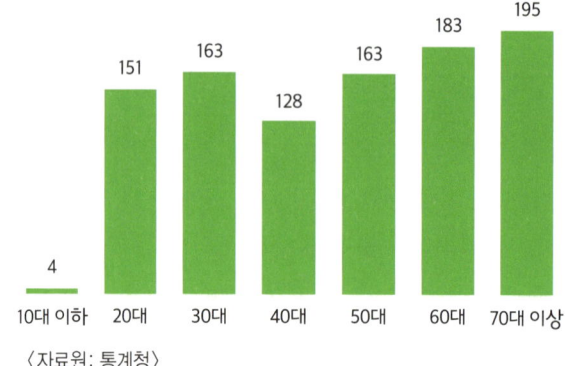
〈자료원: 통계청〉

고령화에 따른 노후 자금은 얼마나 필요한가?

'고령화에 따른 암울한 현실 속에서 노후 자금을 어떻게 준비해야 하는가?'라는 질문을 던져 본다. 은퇴와 동시에 하늘에서 돈이 떨어지지 않는다. 그동안 고생했다고 나라에서 평생을 책임져 주지도 않는다. 노후 자금은 스스로 준비할 수밖에 없다. 그래서 은퇴 준비에 대한 새로운 인식이 필요한데 아직도 많은 사람이 그것을 깨닫지 못하고 있다.

그렇다면 노후 자금으로 현실적으로 얼마가 필요한지 알아보도록 하자. 60세부터 80세까지 20년 동안 월 생활비로 100만 원을 소비한다고 가정한다면 어느 정도의 자금이 있어야 할까? 이자 등을 고려하지 않고 단순하게 계산해 보겠다. 1년이면 1,200만 원이고 20년이면 2억 4천만 원이 필요하다. 그런데 혼자가 아니고 부부가 과연 100만 원으로 한 달 생활이 가능할까? 먹는 것을 최대한 아끼고 사람과의 만남도 최대한 줄이고 외식도 거의 하지 않는다면 가능할 수도 있다. 기본적으로 들어가는 관리비, 전기, 수도세 등 공과금과 통신료 등 고정비를 제외하면 실질적으로는 60~70만 원으로 생활해야 한다. 2억 원이 넘는 돈이 수중에 있어도 노후생활이 만만치 않다는 얘기다. 월 생활비가 200만 원이면 4억 8천만 원이, 300만 원이면 무려 7억 2천만 원이 필요하다.

20년 기준 노후 자금(단순가중)

월 생활비	산술식	총금액
100만 원	100*12*20	2.4억 원
200만 원	200*12*20	4.8억 원
300만 원	300*12*20	7.2억 원

실제 국민연금연구원에서 50대 이상 중장년층을 대상으로 설문조사를 진행한 결과 적정 노후생활비는 광역시 기준으로 279.9만 원이라고 발표했다. 물가가 가장 비싼 서울 지역의 경우는 적정 노후생활비로 부부 합산 330만 원이라는 금액이 나왔다. 330만 원은 정말 적지 않은 금액이다. 반면 지방은 258.7만 원으로 서울시보다 무려 70만여 원이 적었다. 교통 등의 불편함을 감수할 수 있다면 노후에 물가도 낮고 물 맑고 공기 좋은 지방에서 생활하는 것도 좋은 대안이 될 수 있다. 서울, 광역시, 지방을 평균해 보면 289.6만 원으로 300만 원 내외가 노후생활비로 필요하다는 결론이 나온다. 월별 300만 원으로 20년을 단순 계

산하면 7억 2천만 원이 필요한 셈이다.

또 다른 설문으로 월별 생활비가 아니라 적정 노후 자금으로 얼마가 필요한지를 살펴보자. 신한은행 미래설계보고서의 설문조사에 결과에 따르면 응답자의 39%가 적정 노후 자금으로 5억~10억 원은 필요하다고 답했다. 10억 원 이상이 필요하다고 답한 비중도 24%나 된다. 응답자의 63%가 노후 자금으로 5억 원 이상이 필요하다고 답한 것이다. 5~10억 원으로 20년 기준으로 계산해 보면 매월 200~400만 원이 필요하다는 결론이 나온다.

2023년 기준으로 국민연금 수급자의 월평균 급여액은 59만 원이다. 국민연금 이외에 개인연금이나 퇴직연금 등이 어느 정도 준비되어 있다면 100~150만 원이 고정적인 연금소득이 될 수 있다. 그러면 실질적으로 부업 등을 통해 150~200만 원의 소득을 만들어내야만 노후생활에 큰 문제가 없다는 얘기다.

■ 적정 노후생활비 설문 (단위: 만원)

거주지별	최소노후생활비 (부부)	최소노후생활비 (1인)	적정노후생활비 (부부)	적정노후생활비 (1인)
평균	207.2	128.4	289.6	183.1
서울	232.0	144.0	330.1	205.3
광역시	203.7	122.2	279.9	173.9
도	185.8	119.0	258.7	170.1

〈자료원: 국민연금연구원〉

이러한 생활비는 단순평균값이다. 빈익빈 부익부로 인한 온도 차는 은퇴 이후에 더욱 두드러진다. 통계청 자료 기준으로 은퇴 가정의 연령대별 소비 추이를 살펴보면 60대는 226만 원, 70대 162만 원, 80대 121만 원으로 조사되었다. 나이가 들수록 소비가 급격히 줄어든다는 점을 알 수 있다. 하지만 이것 역시 평균수치다. 소위 은퇴귀족층과 절대빈곤층의 소비 추이에는 상상 이상의 큰 차이가 있다. 상위 2.5%의 은퇴귀족층의 연령대별 소비 추이는 60대 563만 원, 70대 370만 원, 80대 341만 원으로 평균값의 2.5배 이상이다. 반면 하위 17%의 절대빈곤층 소비 추이는 60대 126만 원, 70대 89만 원, 80대 82만 원으로 은퇴귀족층과 비교해 평균 4배 이상의 차이가 난다. 잘사는 사람들은 은퇴 후에도 잘 살고, 못사는 사람들은 은퇴 후에 더욱 빈곤한 삶을 산다. 달리 말하면 최소 평균값 이상의 노후 자금이 마련될 정도로 은퇴 준비를 잘하면 편안한 삶이 보장되고, 그렇지 못하면 노후에 절대빈곤층으로 전락해 죽을 때까지 힘겨운 삶을 살아야 한다.

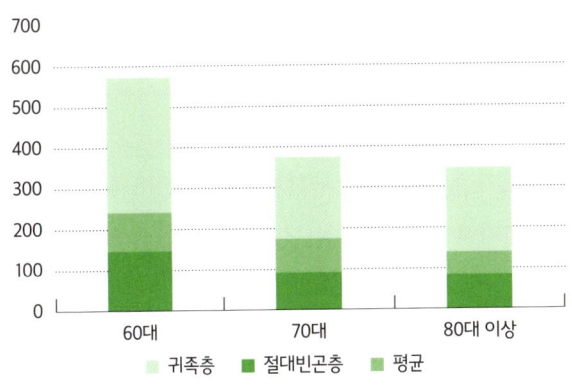

■ 60대 이상의 계층별 소비 추이 (단위: 만원)

〈자료원: 통계청〉

노후 자금은 어떻게 준비해야 하나?

은퇴 이후 생활비로 200~300만 원이 기본적으로 필요한 상황인데 이에 대한 준비는 과연 어떻게 해야 할까? 그러기 위해서는 개인연금, 퇴직연금(IRP), 국민연금이라는 3층 탑을 쌓으며 준비하는 것이 가장 안전하다. 국민연금은 평생을 받을 수 있는 노후 소득 보장 체계의 근간이다. 은퇴 이후 국민연금을 받기 전까지의 공백을 메우기 위해서는 개인연금과 퇴직연금(IRP)의 가입이 필수적이다. 연금으로 3층 탑을 견고하게 쌓으려면 젊었을 때부터 미리 준비해야 한다. 개인연금과 퇴직연금(IRP)의 가입 시기는 빠를수록 좋다.

국민연금은 국가가 운영하는 사회보험제도로 18~60세 미만의 일정 소득이 있는 사람은 60세까지 의무적으로 가입해야 한다. 10년 이상 불입해야 하고, 10년이 안 되면 60세 이후에 일시불로 받을 수 있다. 1969년생 이후 기준으로 65세부터 수령할 수 있다. 60세가 넘더라도 임의납입을 할 수 있기 때문에 여유가 된다면 계속 납입하는 게 좋다. 국민연금을 수령하는 65세 전까지 납입하게 되면 더 많은 연금을 받을 수 있다. 총 납부한 기간이 중요한 만큼 오래 납입할수록 유리하다. 직장인은 60세인 정년까지 직장을 다닌다고 가정하더라도 1969년 이후 출생자들은 국민연금을 수령할 때까지 5년을 버텨야 한다. 물론 최대 5년까지 앞당겨 조기 수령을 할 수 있다. 조기 수령 시에는 매년 6%, 5년이면 30%가 감액된 금액으로 평생 국민연금을 수령해야 한다. 현재 평균 퇴직 연령이 50세 전후인 점을 고려한다면 조기 수령을 60세에 한다고 가정하더라도 연금수령 전까지 10년의 공백이 생긴다. 개인연금과 퇴직연금(IRP)과 같은 사적연금도 만 55세가 되어야 수령할 수 있다. 사적연금을 수령할 수 있는 55세가 되기 전까지 저축된 예금 등으로 생활하거나 다른 경제 활동을 통해 생계를 유지해야 한다. 너무 빨리 퇴직하게 되면 연금을 착실히 준비했다 하더라도 수령하기 전까지의 과정이 너무나 험난하다.

■ 국민연금의 지급 개시 연령 (단위: 세)

출생 연도	1953~56	1957~60	1961~64	1965~68	1969~
연금 개시 연령	61	62	63	64	65

〈자료원: 국민연금연구원〉

한국은 국민연금이 도입된 시기가 1988년으로 이제 겨우 36년밖에 되지 않았다. 선진국보다 매우 늦다. 은퇴한 지 10~30년이 지난 70~80대는 실질적으로 짧은 기간에 걸쳐 국민연금을 납입한 터라 국민연금으로 노후 자금을 충당하기 어렵다. 납입 기간이 아무리 길어도 20년을 넘지 못했을 것이다. 국민연금 가입자 수는 2024년 2월 기준으로 22,134,551명이다. 국민연금의 수급자는 2023년 기준으로 6,626,552명이다. 2024년 3월 말 기준으로 국민연금 평균 수령액은 589,820원이다. 너무나 적은 금액이다. 전체적인 국민연금 수급 실태를 보면 60만 원 이하로 국민연금을 수령하는 비중이 무려 71.7%에 이른다. 40만 원 미만으로 수령하는 비중도 51.2%나 된다. 9.8%는 20만 원도 되지 않는 연금을 수령하고 있다. 국민연금 수령 금액이 최저생활비에도 미치지 못하니 생계를 위한 위해 어쩔 수 없이 일해야 하는 것이다.

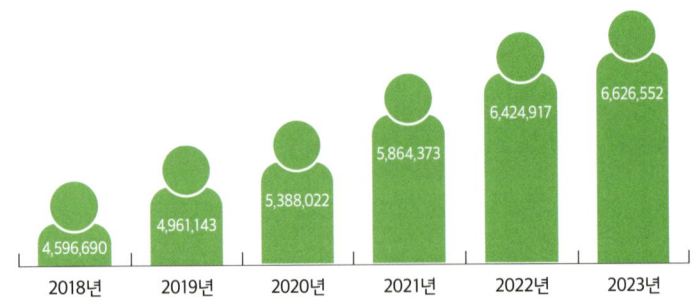

국민연금의 수급자 수 추이 (단위: 명)

〈자료원: 국민연금연구원〉

국민연금 수령액 구간별 수급자 수 (단위: 명, %)

구분	계			
	합계 (%)	비중(%)	남자	여자
	6,633,257	100	3,560,920	3,072,337
20만 원 미만	651,458	9.8	267,903	383,550
20~40만 원	2,753,376	41.5	963,436	1,789,940
40~60만 원	1,351,389	20.4	752,117	599,272
60~80만 원	706,981	10.7	509,594	197,387
80~100만 원	395,623	6.0	332,946	62,677
100~130만 원	360,166	5.4	332,465	27,701
130~160만 원	212,351	3.2	205,460	6,891
160~200만 원	165,802	2.5	161,492	4,310
200만 원 이상	36,111	0.5	35,502	609

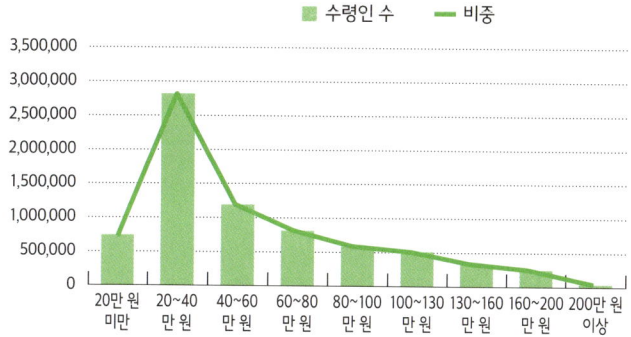

〈자료원: 국민연금연구원 2024년 3월 기준〉

2024년 3월 현재 30년 이상 연금을 납입해 160만 원 이상의 국민연금을 수령하는 사람의 비중은 3%에 불과하다. 국민연금 평균 수령액이 적은 이유는 국민연금 도입 시기가 너무 늦어 연금을 납입한 연수가 적었기 때문이다. 하지만 국민연금을 사회 초년생 때부터 가입해 30년 이상 납입한 1960~70년대생들은 국민연금의 혜택을 온전히 받을 수 있다. 30년 이상 국민연금을 납입했다면 100~200만 원의 연금을 충분히 수령할 수 있다. 200만 원 이상의 연금을 수령하는 것도 어렵지 않다. 이른 나이에 꾸준하게 연금을 납입했다고 가정하면 국민연금으로 노후생활비를 어느 정도 커버할 수 있다는 얘기다. 하지만 국민연금만으로 1인이 생활한다면 모를까 부부 생활비로는 부족할 수 있다. 개인연금과 퇴직연금(IRP)으로 이를 보완해야 한다. 개인연금과 퇴직연금(IRP)도 국민연금처럼 한 살이라도 더 젊을 때 가입해서 납입하는 것이 중요하다. 개인연금과 퇴직연금(IRP)은 매년 연말정산 시 900만 원까지 세제 혜택도 받을 수도 있다. 개인연금과 퇴직연금(IRP)은 노후 자금인 만큼 운영도 장기적이기에 안전자산을 중심으로 보수적으로 운영하면 된다. 이렇게 개인연금과 퇴직연금(IRP), 국민연금으로 노후 자금의 기본을 다져 놓고 은퇴 이후에 본인이 하고 싶은 일을 하며 소득을 추가한다면 노후는 더욱 편안해질 수 있다. 개인연금과 퇴직연금(IRP), 국민연금으로 이루어진 3층 탑을 공들여 쌓아 올리면 연금만으로 매월 200~300만 원을 수령하는 것은 현실적으로 충분히 가능하다.

　국민연금 수급자 수는 매년 빠른 속도로 늘어나고 있다. 특히 2차 베이비부머세대(1964~1974)가 본격적으로 연금을 수령하기 시작하면 그 속도는 더욱 가팔라질 것이다. 그렇다 보니 2050년 이후가 되면 연금이 고갈되는 것 아니냐는 우려가 나오고 있다. 이런 이유 때문에 젊은 세대에서는 연금에 대한 불신이 커지고 있다. 본인들은 연금만 불입하고 정작 연금을 수령해야 하는 시기에는 연금이 고갈되는 것 아니냐며 볼멘소리를 한다. 틀린 말도 아니다. 지금과 같은 고령화 속도라면 분명 문제가 될 수 있다. 더 늦기 전에 제도적으로 보완해야 한다.

국민연금의 사각지대에 놓인 자영업자

국민연금에서 가장 취약한 계층은 바로 자영업자다. 2023년 기준으로 65세 이상 인구 중에서 국민연금을 수령하는 수급자의 비율은 51.2%에 불과하다. 매년 높아지는 추세이기는 하지만 65세 이상 인구 중에서 48.8%가 국민연금 수급자가 아니라는 사실이 놀랍고 안타깝다. 아마도 자영업자가 국민연금 미수급자의 상당 부분을 차지할 가능성이 높다. 국민연금은 중간에 해지할 수 있는 상품이 아니다. 최소 10년(120개월) 동안 납부해야 수급 자격이 되며 노령연금으로 받을 수 있다. 일시금으로 받는 조건도 국외로 이민가거나 사망한 경우, 아니면 가입 기간이 10년 미만인 경우 등에만 해당한다. 매일매일 먹고 살기 힘들고 경기의 흐름을 많이 타는 자영업은 수입도 불안정하다. 따라서 자영업자는 국민연금에 가입했다 하더라도 지속적으로 유지하기가 어려울 수 있다.

65세 인구 대비 국민연금 수급자 현황 (단위: 만 명, %)

구분	2005년	2010년	2015년	2020년	2023년
65세 이상 인구	432	551	678	850	973
65세 이상 수급자	59	140	243	377	498
비율	13.7	25.4	35.8	44.4	51.2

〈자료원: 행정안전부 주민등록 인구통계, 국민연금〉

    자영업자의 20% 이상이 국민연금에 가입하지 않았다. 사업자등록을 하지 않은 영세업자를 포함하면 더 많다는 얘기다. 영세업자가 예금으로 저축해서 노후를 준비한다는 것은 쉽지 않은 일이다. 하지만 국민연금은 상황이 어렵더라도 가입해야 하고 납입을 유지하는 것이 중요하다. 물론 개인연금 등을 통한 준비도 해야 한다. 당장 사는 게 어렵지만 그래도 여유가 있을 때마다 국민연금과 개인연금을 통한 노후 준비는 무조건 필요하다. 얼마전 방송에서 자영업을 하는 부부를 대상으로 진행한 인터뷰를 보며 내내 마음이 아팠다. 국민연금은 물론 개인연금에도 가입되어 있지 않고, 노후 준비가 전혀 되어 있지 않아 막막하다고 했다. 준비하고 싶어도 할 수 없는 현실이 너무 안타깝다며 씁쓸하게 웃는 모습이 지금도 눈앞에 아른거린다. 최근에는 은행권 대출이 한계에 이르자 제2금융권에서 높은 금리로 돈을 빌리는 자영업자가 크게 늘었다. 경기 부진에 따른 소비 위축이 심화되면서 많은 이자를 감당하지 못해 연체율이 10%에 달한다. 상환 불능 상태에 있는 자영업자가 증가하고 있다. 지역마다 차이는 있겠지만 경기가 크게 위축되어 현재 자영업자 폐업률은 코로나 팬데믹 때보다 더 높아지고 있다는 얘기도 들린다. 악순환의 연속이다.

2022년 기준으로 국민연금 납부 예외자가 3,064,000명, 13개월 이상 장기 체납자가 882,000명이라고 한다. 전체 가입자 중에서 17.9%가 국민연금 사각지대에 놓여 있다. 임금에서 연금보험료가 원천 공제되는 직장인은 납부 예외나 장기 체납 대상이 되는 경우가 드물다. 납부 예외자와 장기 체납자 대부분은 지역 가입자로 볼 수 있다. 2022년 기준으로 지역 가입자 6,846,000명 중에서 고용원이 없는 자영업자나 1인 소상공인이 차지하는 비중이 상대적으로 클 것으로 예상된다. 결국에는 자영업자가 영업 부진, 휴업, 폐업 등으로 보험료를 내지 못하는 경우가 많다는 얘기다. 납부 예외나 장기 체납 기간은 가입 기간으로 인정하지 않기 때문에 자영업자가 가입 기간을 채우지 못하면 연금을 받지 못한다.

한국의 자영업 비율은 24.6%로 OECD 평균 15%보다 훨씬 높다. 미국 6.1%, 일본 10%에 비하면 4배와 2.5배나 된다. 경제 활동을 하고 있는 사람들 중에서 1/4이 자영업자인데 이들이 국민연금에서 가장 취약한 계층이 되고 있다는 점은 깊은 고민이 필요한 매우 중요한 사안이다. 자영업자를 국민연금으로 끌어들여 조금이라도 노후를 대비할 수 있는 대책을 시급히 마련해야 한다. 직장인들은 기준소득월액의 9% 중 절반을 회사가 부담하지만 자영업자는 9%를 모두 본인이 부담해야 한다. 그렇다 보니 납부를 하다가 영업 상황이 나빠지거나 폐업하게 되면 수입이 없으니 자연스럽게 납부가 중단된다. 특히 영세자영업자는 소득이 불안정하기 때문에 국민연금 사각지대에 놓인 대표적인 직업군이라고 할 수 있다. 물론 재원 마련이 가장 큰 숙제이겠지만 저소득 생계형 영세자영업자를 위한 지원책이 절실하다.

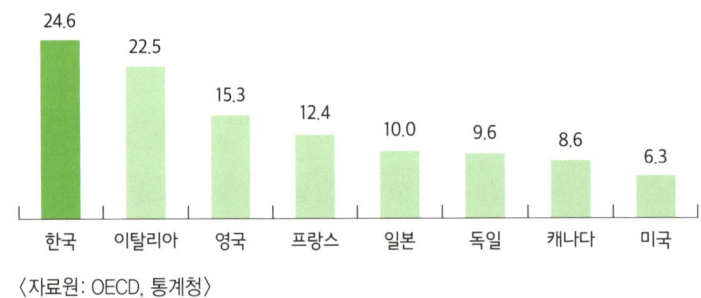

OECD 주요국의 자영업 비율 (단위: %)

〈자료원: OECD, 통계청〉

노인의 소득원 중에서 공적연금이 차지하는 비중은 30.3%, OECD 평균의 절반 수준

한국에서 노인의 소득원 중에서 국민연금 등 공적연금이 차지하는 비중은 30%로 OECD 평균인 55.4%의 절반 수준에 그친다. 공적연금 등의 소득이 적다 보니 근로소득이 차지하는 비중은 OECD 평균인 24.9%의 거의 두 배인 무려 48.6%를 차지하고 있다. 공적연금으로 노후가 제대로 보장되지 못하다 보니 나이가 들어도 생계를 위해 계속 일해야 한다. 이러한 상황은 결국 노인빈곤율과 자살률을 높이는 주요인이 된다. 노인의 일자리는 고임금이 아니라 저임금 구조다. 그리고 장시간이 아닌 제한된 시간이다 보니 손에 쥐는 돈은 당연히 적다. 일을 한다고 해서 넉넉한 생활비를 벌 수는 없고, 굶지 않을 정도의 최저생계비 수준의 돈을 번다. 계약 기간도 짧아 구직 활동을 지속적으로 해야 하는 부담도 있다. 임금이 낮더라도 장기간 할 수 있는 안정된 일자리를 구할 수 없는 현실이 안타깝다.

결국 노후 자금을 위한 준비는 젊었을 때부터 꾸준하게 진행하는 것이 정답이다. 개인연금, 퇴직연금(IRP), 국민연금이라는 3층 탑을 견실하게 쌓아 올려야 노후가 편안해진다. 중간에 어려움이 생기더라도 연금 3층 탑을 무너트려서는 절대 안 된다.

주요국의 노인소득원 분석 (단위: %)

〈자료원: OECD, 통계청〉

PART 2 은퇴 준비 이야기

2 노후 준비의 복병인 과도한 사교육비

세계적으로 유별난 한국의 교육열

노후 준비를 어렵게 하는 가장 큰 주범 중의 하나가 바로 과도한 사교육비다. 한국의 교육열은 세계적으로 으뜸이다. 하지만 필요 이상으로 자녀 교육에 올인하다 보면 노후 준비는 자연히 부실해진다. 남들이 다 하는 사교육을 안 시키면 우리 아이들만 뒤처질 것 같은 조바심 때문에 사교육비를 과도하게 지출한다.

자녀에 대한 투자는 태어날 때 시작된다. 부모는 아이를 낳고 산후조리원에 들어간다. 산후조리원 비용은 상상을 초월한다. 1주일 기준으로 수백만 원은 기본이다. 최상급 산후조리원은 수천만 원 이상 하는 곳도 있다. 아이가 커서 다니는 유아원, 어린이집, 유치원 등도 비용이 어마어마하다. 영어유아원, 영어유치원 등은 월 비용이 백만 원을 훌쩍 넘는다. 한참을 뛰어놀아야 할 나이에 여러 학원에 다녀야 한다. 초등학교에 입학하면 학원 수는 더 늘어난다. 학원 숙제를 하다 보면 12시가 넘어야 일과가 겨우 끝난다. 심지어 유명 영어학원에서는 단어 시험을 보고 통과할 때까지 재시험을 보게 하면서 보내주지 않기도 한다. 시험을 통해 고급반, 중급반, 초급반 등으로 수준별로 반을 나누고 차별적으로 수업을 진행한다. 순위 경쟁이 치열하다. 고급반에 들어가기 위해 과외를 따로 받는 경우도 있다. 참으로 고단한 삶이다. 이렇게 많은 학원을 다녀야 하는 이유는 경쟁에서 밀려나지 않게 하려는 부모의 욕심 때문이다. 좋은 대학교에 가고 좋은 직장에 취업하려면 누구나 다 이러한 과정을 겪는다. 아이들도 이를 당연하게 받아들이며 점점 자기의 의지와는 상관없는 삶을 살게 된다. 1970~80년대에는 학원 한번 다니지 않아도 본인이 노력만 하면 대학교에 진학은 물론 취업도 어렵지 않았다. 당연히 시골 촌구석에서도 열심히 공부해 명문대에 진학하는 경우가 흔했다. "개천에서 용 났다"라고 하는 일이 빈번했다. 하지만 지금은 현실적으로 개천에서 용이 나는 것이 쉽지 않다. 사교육을 많이 받은 아이와 그렇지 않은 아이의 실력 차이는 하늘과 땅만큼 크다. 그러기에 부모는 자녀의 교육에 더 열을 올린다.

초등학교에서 중고등학교 과정을 선행학습하는 경우는 이제 일반적이다. 중학교, 고등학교에서의 학교 수업은 형식이 되어 버렸다. 학교에서 나가는 수업 진도는 그저 따분할 뿐이다. 학원에서 선행학습한 내용을 학교에서 확인하는 정도다. 모든 교육의 중심은 사교육이다. 물론 학교에서 열심히 수업받고 이를 바탕으로 좋은 결과를 얻는 학생도 있겠지만 솔직히 사교육 없이 명문대에 가는 것은 천재형 아니면 흔치 않은 일이 되었다. 이제는 공교육보다는 사교육이 입학하는 대학교의 수준을 결정하는 잣대가 되었다. 특히 수도권 대학교 중심의 집중화 현상이 두드러지면서 사교육을 통한 입시 경쟁은 더욱 치열해지고 있다.

한국의 평균 사교육비는 어느 정도인가?

한국보건사회연구원의 자료에 따르면 한국 자녀 1인당 월평균 양육 비용은 72만 원이라고 한다. 이 중에서 교육비 비중은 36%로 월평균 26만 원이 교육비로 쓰인다고 발표했다. 설문을 통해 답한 내용이니 아주 틀린 수치는 아닐 것이다. 하지만 여러분은 이 수치를 믿을 수 있겠는가? 이 정도의 사교육비라면 솔직히 노후를 준비하는 데 큰 부담이 되지 않는다. 아마 설문 대상 지역이 문제일 수도 있다. 강남에서는 아이가 하루에 5~10개의 학원을 다니는 것은 기본이다. 아이를 슈퍼맨으로 키우고 있다. 한국보건사회연구원 자료는 현실과는 너무 동떨어져 있다는 느낌을 지울 수 없다. 자녀의 사교육비는 고학년으로 올라갈수록 늘어난다. 한 달에 500만 원 이상의 월급을 받는 고소득자인데도 생활비와 사교육비를 감당하기 어려워 마이너스통장을 쓰거나 대출을 받는 사례도 있다.

더욱 현실적인 발표 자료가 있다. 2023년 5월에 홍콩사우스차이나모닝포스트에 실린 기사인데 한국에서 자녀 나이 18세가 되기까지 양육비 부담이 GDP 대비 7.79배로 세계 1위라는 내용이었다. 중국이 6.9

배이고 일본 4.26배, 미국이 4.11배였다. 이를 원화로 환산하면 3억 원이 넘는 금액이다. 높은 양육비 비중의 주된 요인은 결국 사교육비일 것이다.

그렇다면 실제로 학부모가 인식하는 사교육비의 총액은 어느 정도일까? 학부모는 대학교를 졸업할 때까지 1인당 최소 2억 원 이상의 교육비가 필요하다고 답했다. 실제로는 그 이상의 비용이 필요하다. 한 달의 사교육비 수준이 적게는 200~300만 원은 기본이고, 특히 외고, 과학고 등 특목고를 목표로 공부하는 경우에는 더 많은 비용이 추가된다. 고등학교에 들어가서는 명문대에 들어가기 위해 더 많은 비용을 기꺼이 지급한다. 음악이나 미술을 전공할 때도 마찬가지다. 만약 해외 유학이라도 보내려면 1년에 5천만 원~1억 원은 기본적으로 필요하다. 어찌 보면 밑 빠진 독에 물 붓기다. 대학교에 들어가서도 지원은 계속된다. 취업을 위해 여러 스펙을 쌓아야 하기 때문이다. 어학 연수도 보내야 하고 각종 자격증을 딸 수 있도록 학원비도 지원해줘야 한다. 필자 생각으로는 아마 교육비 2억 원이라는 금액은 부모의 처지에서 정말 최소한으로 계산하는 금액이 아닐까 싶다. 자녀가 둘 이상이라면 부모는 정말 허리가 끊어질 정도로 일해야 한다. 그런데도 대부분의 부모가 허리가 끊어지지 않고 살아 있는 것을 보면 정말 신기하다. 한국의 부모는 정말 위대하다는 말밖에 할 말이 없다.

노후 자금이 모두 사교육비로

자녀를 위한 부모의 희생은 정말 눈물겹다. 자녀가 대학교를 졸업하고 취업하면 부모에게 효도하고 용돈도 많이 주며 충분히 보상해 줄 것이라 생각한다. 자녀가 결혼해 아이를 낳고 기르면 부모가 했던 것처럼 아이들에게 올인할 것이다. 아니 부모 이상으로 아이들에게 더 공을 들일 수 있다. 그러면 과연 가장이 된 자녀에게 부모를 모실 수 있는 여유가 있을까? 도와 달라는 부탁을 하지 않으면 다행 아닐까? 요즘은 대부분이 맞벌이이니 손주를 봐 달라고 부탁할 수도 있다. 손주가 자라 초등학생이 되면 집을 사야 한다며 보태 달라고 손을 벌릴 수도 있다. 자칫 잘못하면 자녀 뒤치다꺼리만 하다가 죽을 수 있다. 지금 50대, 60대를 우리는 흔히 '마처세대'라고 한다. 부모를 모시는 마지막 세대이면서 자녀가 부모를 모시지 않는 처음 세대라는 의미다. 부모를 모시는 마지막 세대라는 것은 인정하겠다. 하지만 잘못하면 자녀가 부모를 모시지 않는 처음 세대가 아니라 부모가 자녀까지 모셔야 하는 처음 세대가 될 수도 있다. 가슴이 먹먹하고 답답해진다.

자녀가 이른 나이에 해외로 유학을 간 경우에는 학비가 어마어마하다. 해외에서 중고등학교와 대학교, 대학원까지 졸업하려면 국내 사교육비의 몇 배는 더 필요하다. 해외에서 학교를 오래 다니다 보면 졸업을 한 후 해외에서 직장을 구하고 정착해 사는 경우가 많다. 아내와 자녀를 외국으로 유학 보내고 홀로 남아 교육비와 생활비를 보내며 뒷바라지하는 아버지를 일컬어 '기러기 아빠'라고 한다. '기러기 아빠'라는 말의 의미가 참 가슴 아프고 먹먹하다. 기러기 아빠로 뼈빠지게 돈을 벌어 학비를 보내지만 본인은 생활비를 조금이라도 아끼려고 제대로 먹지도 않는다. 그렇게 공부를 시켰는데 한국으로 돌아오지 않고 해외에서 거주하겠다고 하면 얼마나 슬픈 일인가? 자녀의 장래를 위해서는 좋은 일일 수 있지만 부모 처지에서는 억장이 무너진다. 경우에 따라서는 부모가 함께 해외로 이주해 살기도 한다. 하지만 나이 들어 연고도 없고 아는 사람도 없는 낯선 해외에 나가서 살면 그 적적함을 어찌 이겨낼 수 있겠는가?

자녀의 사교육비에 올인하게 되면 결국 돌아오는 것은 노후에 대한 불안감이다. 부모가 자녀에게 아무런 보상 없이 희생만 하는 것이 과연 올바른 길일까? 내 노후를 책임져 주지 않는 자녀에게 모든 것을 걸고 올인하는 것이 과연 올바른 선택일까? 냉정하게 생각해 봐야 한다. 자녀가 과연 아낌없이 주는 부모의 마음을 얼마나 헤아려줄까?

1990년대 이후에 태어난 자녀는 솔직히 부모 덕에 입는 것 먹는 것 걱정하지 않고 편하게 자랐다. 하지만 그들 세대는 배고프게 자라지는 않았지만 부모 세대보다 더 치열한 생존 싸움을 하면서 컸다. 유아원, 유치원 때부터 경쟁 속에서 자란 세대다. 치열한 경쟁으로 대학에 가고 대학을 졸업하더라도 취업이라는 더 심각한 관문을 뚫기 위해 경쟁에 내몰린다. 필자를 포함한 고도성장기인 산업화시대의 부모 세대(베이비부머세대)는 먹고 사는 것은 어려웠지만 노력만 하면 그에 따른 대가는 명확했다. 열심히 공부하면 대학교 입학은 물론 취업도 어렵지 않았다. 게다가 성실히 일하면 회사에서 남부럽지 않은 직급까지 올라갈 수 있었다. 그에 따른 보상으로 연봉도 올랐다. 베이비부머세대는 금전적으로 부모의 도움 없이 자수성가한 세대다. 그런데 지금의 신세대는 노력만으로 이룰 수 없는 것이 너무 많다. 아무리 노력해도 취업의 문은 쉽게 열리지 않는다. 오히려 더 좁아지기만 한다. 대학교를 졸업해도 취업이 되지 않으니 본인 의지와는 상관없이 대학원에 진학하고, 또 박사과정까지 마치는 경우도 있다. 그 비용마저 부모가 책임져야 한다. 많은 비용을 들여 박사가 되었지만 그래도 취업을 하지 못해 부모집에 얹혀 살아야 한다. 끝이 보이지 않는 경쟁에 내몰려 있는 자녀를 옆에서 바라보는 부모의 마음은 새카맣게 타들어 간다.

고달픈 현실을 반영하는 캥거루족, 부메랑족, 니트족

여러분은 캥거루족, 부메랑족, 니트족이라는 말의 의미를 알고 있는가? 아프리카에 사는 부족 이름이 아니다. 취업을 하지 못해서 독립하지 못하고 부모집에 얹혀 사는 청년들을 캥거루족이라고 한다. 독립했다가 임차료 등의 비용 부담을 감당할 수 없어 다시 집으로 들어온 청년들을 부메랑족이라고 부른다. 그리고 더 나아가 취업을 할 수 있는데도 취업하지 않고 취업할 의지도 없는 청년 무직자들이 니트족이다. 가슴 아픈 현실이 만들어 낸 신조어들이다. 노후 자금을 포기하면서까지 엄청난 사교육비를 들여 자녀에게 투자했지만 이런 현실을 마주하게 된다는 게 너무 안타깝고 슬프다.

과연 미래가 담보되지 않은 상황에서 자녀의 사교육에 올인해야 할까? 다른 방법은 없을까? 정부도 사교육비를 줄이기 위한 여러 방안을 내놓고 있지만 현실적인 대안은 없다. 최근 정부가 강하게 밀어 붙이고 있는 의대 정원 확대도 사교육비 측면에서는 부담이 크다. 공부 잘하는 학생은 모두 의대에 가려고 할 것이다. 경쟁은 더 심해지고 재수, 삼수를 하더라도 의대에 가려고 하면 사교육비는 당연히 더 늘어날 수밖에 없다. 우수한 자원들이 모두 의대 진학만 하려 할 것이고 결국 기초과학 시스템도 무너지는 사태에 직면할 수 있다. 국가의 교육 기반이 무너진다는 얘기다.

인성교육 부재로 인한 사회성 결여가 심각해

부모가 자녀의 사교육에만 몰입하다 보니 인성교육이라는 측면에서 많은 문제가 생기고 있다. 어릴 때부터 친구들과 함께 어울리고 뛰어놀면서 생기는 것이 사회성이다. 하지만 친구들과 어울리는 시간은 없고 학원으로만 내몰린다. 당연히 개인주의적 성향이 강해지고 사회성이 부족해진다. 사회성이 결여되다 보니 상대방과 잘 어울리지 못한다. 부모의 주관에 의존하는 마마보이 성향을 보이는 한편, 고집불통의 매우 이기적인 성격이 된다. 인성교육이 제대로 되지 않아 아이들은 성인이 되어서도 사회생활을 하는 데 어려움을 많이 겪는다.

몇 가지 사례를 들어 보겠다. 지난 5월에 명문대 의대생이 여자 친구가 절교를 선언했다고 해서 살해한 사건이 있었다. 정말 충격적인 일이다. 충동적이라 하더라도 믿기 힘든 사건이다. 이 의대생은 수능에서 만점을 받은 수재였다. 공부로는 만점일지 모르지만 인성은 빵점인 괴물로 키워진 것이다. 이밖에 안하무인으로 행동하는 초등학생 얘기도 있다. 수업을 듣지 않고 집에 가려는 것을 선생님이 제지하자 선생님의 뺨을 때린 사건이다. 더 가관인 것은 이 부모가 학교로 찾아와 아이가 보는 앞에서 선생님 뺨을 때린 경우도 있었다고 한다. 부모는 자녀의 거울이다. 부모의 행동을 보고 그대로 따라 한 것이다. 필자 세대의 사람이라면 상상도 할 수 없는 일들이 지금 교육 현장에서 공공연하게 발생하고 있다. 교권이 무너지고 있다. 아니 무너진 지 오래되었다. 필자는 이러한 문제는 결국 과열된 사교육으로 인해 파생된 것이라고 생각한다. 지금 나타나고 있는 문제는 빙산의 일각일 수 있다. 교육시스템이 근본적으로 바뀌지 않으면 앞으로 더 심각한 사건사고가 발생할 것이다.

세대 간의 갈등 심화

요즘 회사에서는 신입 직원과 기존 직원이 자주 부딪친다. 서로의 사고방식을 이해하기 어렵다. 40대가 30대를 이해하지 못하듯 30대도 20대를 이해하지 못한다. 그만큼 세대 간의 간극이 크게 벌어져 있다. 저녁에 회식하기도 힘들다. 요즘 신세대는 저녁 회식 자리에는 참석하기를 꺼린다. 일단 일방적으로 결정되는 저녁 메뉴도 싫고 같이 술 마시는 것 자체도 싫다. 요즘 회식문화는 완전히 바뀌었다. 회식을 저녁에 하는 것이 아니라 점심시간에 평소에 가기 힘든 레스토랑 등에서 맛있는 음식을 먹는 것으로 대신한다. 사무실에서도 시키는 일만 한다. 100% 이상의 능력을 발휘할 수 있지만 전력을 다하지 않는다. 당연히 야근은 싫어한다. 야근수당도 의미가 없다. 야근 등을 통해 추가수당을 받아 월급을 더 받겠다는 욕심도 없다. 정시에 출근하고 정시에 퇴근해 나머지 시간은 자신만의 시간으로 활용한다. 조금 벌더라도 즐기면서 일하는 것이 목표다. 회사에 자신을 맞추기보다는 회사가 자신에게 맞춰 주기를 바란다. 회사와 자신이 맞지 않는다고 생각하면 어렵게 들어간 직장이라도 미련 없이 사표를 던진다. 미래보다는 현재를 즐기면서 살고 싶어 하는 이런 친구들이 과연 연금 등 저축을 통해 노후를 일찍부터 대비하려 할까? 부모 처지에서도 속이 타들어 갈 수밖에 없다. 직장이라도 다니면서 자기 밥벌이만 해도 다행이다. 하지만 취업했다면 자녀에게 얘기해야 한다. 지금부터 노후를 준비해야 한다고.

지나친 사교육으로 인한 공교육의 붕괴

공교육시스템이 사교육에 밀려 무너져 내렸다. 지나친 사교육으로 인해 결국 학교 선생님의 위상은 바닥에 떨어진 지 오래되었다. 교권이 무너져 학교 선생님은 이젠 존경받는 직업이 아니다. 이미 사교육을 통한 선행학습으로 다 아는 내용을 얘기하는 선생님의 말이 제대로 먹히겠는가? 오히려 자기보다 더 모른다고 생각하고 무시할 수도 있다. 수업이 귀찮아 부족한 수면 시간을 만회하려고 그냥 잠을 청하는 학생도 있다. 공부 못하는 학생이 잠을 자면 뭐라고 하겠지만 공부를 무척 잘하고 명문대에 갈 학생이 잔다는데 뭐라고 할 선생님이 있겠는가? 뭐라고 하면 아마 부모가 버선발로 학교로 달려와 "우리 애가 피곤하다는데 그것도 이해해주지 못하냐?" 하고 성질을 낼 것이다. 참으로 안타까운 현실이다.

사교육과 관련한 이야기를 하다 보니 너무 흥분한 것 같다. 부모는 많은 비용을 들여가며 자녀를 명문대에 보내기 위해 공들여 키운다. 아이들은 대학교에 입학하자마자 일찍부터 취업을 준비해야 한다. 많은 스펙을 쌓기 위해 동분서주한다. 부모는 허리띠를 졸라매고 자녀를 뒷바라지하기 위해 더욱 애쓴다. 자녀를 위한 투자는 취업하기 전까지 계속된다. 헌신적인 지원으로 취업을 하게 되면 일단 큰일을 해낸 것 같다. 여기저기 다니면서 자녀 자랑에 침이 마른다. 통장 잔고는 비어 있어도 좋다. 자녀가 돈을 많이 벌 수 있을 것이라는 기대감에 그저 하루하루가 뿌듯하다. 그게 부모 맘이다. 부모에게 금전적으로 돌아오는 보상은 전혀 없다. 그저 잔고가 비어 있는 통장이나 마이너스통장뿐이다.

자녀의 적성을 잘 살려줘야 한다

노후 자금을 안정적으로 마련하기 위해서는 과도한 사교육비를 줄이는 방법을 심각하게 고민해야 한다. 만약 사교육비에 대한 지출이 줄지 않는다면 당신의 노후는 그만큼 힘겨워진다. 자녀의 적성을 찾아주고 그에 맞는 교육을 해야 한다. 남들이 다 하는 똑같은 교육을 한다면 헛돈만 쓰는 꼴이다. 공부에 소질도 없고 공부하기 싫어하는 자녀에게 억지로 시킨다고 해서 실력이 늘지 않는다. 자녀는 오히려 실력이 모자라는 자신을 자책해 심해진 경우에는 우울증을 앓을 수 있다. 사내아이들은 반항심 때문에 폭력적인 성격으로 바뀔 수 있다. 오히려 그 돈으로 자녀가 소질이 있고 관심이 있는 분야를 찾아주고 적극적으로 지원해 주면 어떨까? 직업에 대한 귀천을 따지기보다 소질을 개발해 주고 하고 싶은 일을 하게 해 주는 것이 부모의 역할 아닐까? 기본이 부족한 자녀에게 대학 입시를 위한 사교육은 자녀의 실력을 키우는 것이 아니라 사지선다형 문제의 답을 요령 있게 찾는 방법만 가르쳐 줄 뿐이다.

실제로 유명 영어학원에서 학원생을 가르치는 학습 방법을 소개해 본다. 일단 여러 유형의 영어 지문을 한글로 번역해서 반복해서 외우게 한다. 영어 지문만 봐도 무슨 내용인지 바로 알 수 있도록 과거 수능에 나온 수많은 지문과 예상 문제를 한글본과 함께 달달 외운다. 지문을 해석할 필요가 없다. 외운 지문이 시험에 나오면 지문에 대한 문제풀이는 쉬워진다. 이미 무슨 내용인지 알고 있기 때문이다. 물론 전혀 모르는 생소한 지문이 나오면 상황은 달라진다. 실력 있는 학생은 대처할 수 있지만 암기식으로 외우기만 한 학생은 당연히 연필을 굴려 찍을 것이다. 복불복이다. 영어 과목이 단순한 암기 과목이 되는 순간이다. 제대로 된 실력이 아니므로 이런 방법으로 공부해 운 좋게 대학교에 합격하더라도 기초가 부족해 대학 수업을 따라가고 적응하는 데 애를 먹는다.

그래도 자녀가 명문대에 들어가고 취업에도 성공했다면 천만다행이다. 수억 원을 들인 사교육으로 좋은 대학교에 보내고 졸업까지 시켰지만 정작 바로 취업에 성공하는 자녀는 생각보다 많지 않다. 취업을 위해 재수, 삼수를 해야 하는 경우도 다반사다. 남들과 똑같은 사교육비를 쓰며 가르쳤지만 경쟁에 밀려 명문대에 합격하지 못하면 상황은 더 심각해진다. 자녀가 공부에 적성이 맞지 않지만 지푸라기라도 잡는 심정으로 남들 하는 만큼 사교육비를 쓴다. 어찌 보면 헛돈을 쓰고 있는 셈이다. 명문대가 아니면 졸업 후에 취업문은 더 좁아진다. 마음은 새까맣게 타들어 간다. 누구 자식이 대기업에 취업했다는 얘기를 들으면 부러움을 느끼는 한편, 한숨만 내쉰다. 그렇게 취업하기 전까지 끝을 알 수 없는 지원이 계속된다. 차라리 자녀의 적성을 살려 기술을 가르치거나 자녀가 좋아하고 잘 할 수 있는 것을 찾아주면 어땠을까? 그랬다면 부모와 자녀 모두에게 큰 도움을 될 수도 있지 않을까? 차라리 사교육비를 저축해 나중에 자녀에게 자립자금으로 물려주는 것이 더 나을 수도 있다. 남들이 다 시키니까 불안감에 어쩔 수 없이 시키는 사교육은 결국 의미 없는 지출이 된다. 자녀의 미래와 부모의 미래를 위해 깊이 고민해야 한다.

자녀에게 주는 사랑은 넘어지지 않게 업고 다니는 것이 아니다. 마음껏 넘어질 수 있도록 뛰어 놀게 하고, 넘어졌을 때 일어날 수 있는 방법을 알려주며, 한 발짝 떨어져 다시 일어설 수 있도록 응원하는 것이다. 지금은 넘어질 기회조차 주지 않고 있으니 넘어지면 일어서는 방법을 알 수가 없다. 그러기에 쉽게 포기하고 힘들면 스스로 해결하지 못하

PART 2 은퇴 준비 이야기

3 퇴직금마저 위태롭게 하는 결혼 비용

퇴직금과 살고 있는 아파트도 위태롭게 하는 결혼 비용

　과도한 사교육비로 통장 잔고는 바닥을 드러내고 있다. 살고 있는 아파트가 자가이든 전세이든 대출을 끼고 있지 않으면 그나마 다행이다. 빚이 없는 것만으로도 일단 성공했다고 자기만족화 할 수 있다. 은퇴하면서 받는 퇴직금으로 여유롭지는 않더라도 국민연금이 나올 때까지 아껴 쓰고, 소일거리로 용돈벌이를 조금씩 하면 그래도 노후생활비에 대한 부담은 어느 정도 떨쳐낼 수 있을 것이라 생각한다. 그런데 이러한 상상은 자녀가 취업하고 자녀에게 들어가는 돈이 더는 없다는 가정하에서다. 자녀가 취업하면 모든 상황이 종료된 것일까? 아니다. 지금까지 겪어왔던 것보다 더 험난한 마지막 고비가 남아 있다. 바로 자녀의 결혼이다.

　사교육비는 힘들지만 직장 생활을 열심히 하면서 충당한다. 회사에서 열심히 일하면 사교육비가 과하더라도 어느 정도 버틸 수 있다. 하지만 결혼은 다르다. 자녀가 결혼하는 시기는 대부분 은퇴 이후다. 자녀 사교육비를 대느라 남아 있는 돈도 없는데 결혼은 한 번에 수억 원의 목돈이 필요하다. 자녀의 결혼 비용을 지원하기 위해 퇴직금이 순식간에 사라지고, 아파트를 팔거나 평수를 줄여가야 하는 상황이 생긴다. 최악의 상황은 빚을 내서 결혼시키는 것이다. 노후에 안정적인 삶 대신에 빚을 갚아야 하는 삶이 시작될 수 있다.

도대체 결혼 비용은 얼마나 필요한 것인가?

결혼 정보 업체에서 최근 2년 이내에 결혼한 사람들을 대상으로 설문조사를 한 결과 평균 결혼 비용은 3.3억 원으로 확인되었다. 예식장과 결혼 사진, 신혼여행비 등 결혼 준비 비용 5천만 원과 신혼집 전세자금 2억 8천만 원이 합쳐진 금액이다. 남녀 결혼 비용의 부담 비율은 7:3, 6:4, 5:5가 각각 29%, 27%, 22%를 차지했다. 아직도 남자 측이 결혼 비용을 좀 더 많이 부담하고 있는 셈이다. 남자 측이 70% 비용을 부담한다고 하면 2.3억 원이 필요하고 50% 부담 시에는 1.7억 원 정도가 필요하다. 여자 측은 50%를 부담한다고 할 때 최대 1.7억 원에서 30% 부담 시에 1억 원 정도 소요된다. 결론적으로 남자 측은 1.7~2.3억 원이, 여자 측은 1~1.7억 원이 필요하다는 얘기다.

그런데 필자만의 생각일지 모르겠지만 과연 2.8억 원으로 서울 시내에서 신혼집 아파트를 구할 수 있을까? 서울에서 전셋집을 구하려면 최소 5억 원 이상은 필요하지 않을까? 그렇다면 2.8억 원보다 1.5배에서 2배는 더 필요해 남자는 3억 원, 여자는 2억 원 이상은 각각 부담해야 된다는 얘기다. 물론 출퇴근할 때의 불편함을 감수하고 서울 외곽에 아파트를 구하거나 아파트가 아닌 빌라를 구한다면 가능할 수도 있다. 하지만 새 출발인데 그래도 번듯한 아파트 전세라도 얻어주고 싶은 게 부모 맘이다. 하지만 현실은 녹녹지 않다. 이미 과도한 사교육비로 자금은 바닥난 상태다. 노후 자금인 퇴직금을 건드리게 된다. 부모 처지에서는 자녀가 직장 생활을 하면서 돈을 열심히 저축해 부모 도움 없이 결혼한다면 얼마나 좋겠는가? 그렇지만 현실적으로 월급을 모아 스스로 결혼 자금을 마련할 수 없다. 결국에는 대출과 부모 찬스로 결혼해야 하는데 답답할 뿐이다.

늦어지고 있는 초혼 연령

2023년 통계청 자료에 따르면 남녀 평균 초혼 연령이 남자는 33.97세, 여자 31.45세라고 한다. 초혼 연령대는 계속 높아지고 있다. 남녀의 나이가 34세, 31세 정도면 취업한 후 직장 생활을 5~7년 했다고 볼 수 있다. 과연 자녀가 결혼을 목표로 열심히 저축해서 억대의 결혼 자금을 마련할 수 있을까? 요즘 신세대는 자신에게 투자를 많이 하기 때문에 저축에 대한 개념도 부모 세대와는 다르다. 부모 세대는 저축을 하고 나머지 돈으로 알뜰하게 생활했지만 요즘 신세대는 소비하고 남는 돈을 저축한다. 모인 돈으로 결혼해야 한다면 평생 결혼하지 못할 수 있다. 결국 결혼 비용을 마련하는 방법은 두 가지다. 하나는 대출을 최대한 받아 결혼 비용을 마련해서 수도권의 변두리로 가는 것이다. 또 하나는 부모 찬스다. 아마도 대출을 받고 부모 찬스도 동시에 쓰는 것이 일반적인 방법일 것이다. 부모의 처지에서 더는 도와줄 여유가 없으니 너희가 알아서 하라고 내버려 둘 수도 없는 노릇이다.

초혼 평균연령대가 계속 높아지는 가장 큰 이유는 결혼 자금에 대한 부담감 때문이다. 요즘 20, 30대는 적게 벌더라도 야근은 하지 않고 편하게 일하면서 자신을 위해 소비하며 산다. 당연히 결혼에 대한 필요성을 크게 느끼지 않는다. 설문조사에 따르면 20~30대의 경우 남자는 50~60%가, 여자는 60~70%가 결혼을 해야 할 필요성을 느끼지 못한다고 답했다. 어렵게 결혼한다 하더라도 아이를 낳고 키우는 게 엄두가 나지 않는다. 자녀를 양육하는 데 엄청난 비용이 필요하다는 사실을 인지하고 있기 때문에 더더욱 결혼을 미루거나 하지 않으려는 것이다. 결혼도 힘들지만 결혼 이후에 아이를 낳아 키우는 것은 더 험난한 길이라는 것을 잘 알고 있다.

〈자료원: 통계청〉

합계출산율은 OECD 국가 중에서 최저

어렵게 결혼하더라도 결혼한 신혼부부는 아이를 낳으려 하지 않는다. 한국의 합계출산율은 2023년 기준으로 0.72명까지 떨어졌다. 합계출산율은 여자가 가임 기간(15~49세)에 낳을 것으로 기대되는 평균 출생아 수를 의미하는데 한국은 2018년에 1명 아래로 떨어진 이후 계속 하락하고 있다. OECD 평균의 절반 수준에 불과하다. OECD 회원국 중에서 합계출산율이 1 이하인 나라는 한국뿐이다. 아마 2024년에는 0.6명대로 떨어질 것이 확실시된다. 정말 심각하다. 결혼 5년 차 미만의 신혼부부 중에서 딩크족(DINK, Double Income No Kids, 맞벌이 무자녀)이 2022년 기준으로 28.7%에 달한다고 한다. 신혼부부 중에서 30% 정도가 아이를 갖지 않겠다고 하니 합계출산율이 계속 낮아지는 것은 당연한 결과다. 한국의 첫출산 평균연령도 33.0세(2022년 통계청 자료)

로 가파르게 높아지고 있다. 첫 출산 평균연령이 높아지다 보니 아이를 낳더라도 한 명 이상을 기대하기도 어렵다.

■ 합계출산율과 출생아 수의 추이 (단위: 만 명, %)

〈자료원: 통계청〉

2023년 기준으로 출생아 수는 23만 명으로 역대 최저를 기록했다. 불과 10여 년 전만 해도 50만 명에 육박했던 출생아 수가 절반 수준으로 줄어든 것이다. 지금과 같은 추세라면 2024년 출생아 수는 20만 명을 밑돌 수도 있다. 정말 심각한 상황이다. 요즘 초등학교는 한 학급의 학생 수가 20명 내외다. 1970~80년대만 하더라도 70~80명이 빼곡히 앉아 수업을 들었는데 지금은 1/4 수준으로 줄어든 것이다. 저출산으로 초등학교와 유치원이 폐교·폐원되어 요양원으로 활용되고 있다. 이러한 추세라면 2028년에는 유치원과 어린이집의 1/3이 사라질 것이라고 한다.

한 국가의 인구가 유지되려면 합계출산율이 2.1명은 되어야 한다. 저출산 문제는 비단 한국만의 문제는 아니다. 전 세계 국가 중에서 절반이 저출산 문제를 겪고 있다. 저출산이 시대적인 흐름인 것은 맞다. 그렇지만 한국은 그 정도가 너무 지나치다. OECD 회원국 중에서 합계출산율이 1 이하인 나라는 한국이 유일하다. 합계출산율 1 이하는 차원이 다른 심각한 문제다. OECD 국가들 이외의 국가로 범위를 넓혀보더라도 합계출산율이 1 이하인 나라는 홍콩(0.77명), 싱가포르(0.97명) 정도인데 이들 국가는 도시국가다.

저출산은 고령화로 인해 노인인구는 급증하는데 노인을 부양하고 세입을 충당해 줄 생산가능인구가 빠르게 줄어든다는 것을 의미한다. 앞으로 20~30년 안에 연금 고갈 등 심각한 문제가 나타날 수 있다는 점에서 불안감을 떨쳐낼 수 없다. 이미 한국은 50대 이상 인구의 비중은 빠른 속도로 커지고 40대 이하 인구 비중은 감소세가 뚜렷하다. 사태의 심각성은 더욱 커지고 있다.

상황이 이렇다 보니 출산율을 높이기 위한 대책 마련에 정부도 머리가 아프다. 정부도 문제의 심각성을 인지하고 있는 듯하다. 하지만 근시안적이고 황당한 대책을 대안이라고 제시하는 것을 보면 그저 웃음만 나올 뿐이다. 문제에 대한 접근 자체가 너무 안일하다. 일부 정치인들이 제시한 대책들은 창피해서 글로 쓰기도 쑥스럽다. 솔직히 출산율이 낮아지고 있는 가장 큰 요인은 경제적인 부담이다. 경제적인 부담이 커서 결혼도 미루고 출산도 미루는 것이다. 이 문제를 근본적으로 해결해야 하는데 그게 쉽지 않다. 대학교를 졸업하더라도 당장 취업하기가 어렵다. 취업하더라도 고물가 시대에 저축하면서 살기가 쉽지 않다. 일단 출발 자체가 가시밭길인데 출산장려금을 지원해 줄 테니 아이를 많이 낳아서 키우라고만 하니 답답할 노릇이다. 출산과 육아에 대한 사회적인 인식을 개선해야 한다. 자녀를 낳고 키우는 데 필요한 경제적인 부담도 줄여주어야 한다. 맞벌이부부에게는 공동 육아시설 확대나 커뮤니티 지원 등 다양하고 실질적인 지원책을 시급히 마련해 주어야 한다.

솔직히 베이비부머세대에게는 자산을 늘릴 수 있는 기회가 많았다. 특히 1990년대, 2000년대에는 부동산이 자산을 늘리는 데 큰 도움이 되었다. 월급만으로 자산을 키운 것이 아니라 부동산이 그 이상의 역할을 해주었다. 신도시 개발이 활발해지면서 조금만 무리하면 아파트도 어렵지 않게 장만할 수 있었다. 하지만 지금 자녀 세대는 결혼하려면 이미 가격이 오를 대로 올라 있는 아파트를 얻어야 한다. 월급과 대출로 모든 것을 해결하기에는 역부족이다. 그렇다 보니 결혼을 포기하는 것이다. 자녀가 결혼은 하지 않아도 좋으니 정상적으로 취업해서 직장을 다니는 것만으로도 큰 위안이다. 수년간의 구직 활동에도 불구하고 직장을 구하지 못해 아예 구직 활동을 포기하는 청년이 늘어나는 안타까운 현실이 슬프고 가슴 아프다.

부모가 제일 자랑하고 싶은 게 자식 자랑이다. 자녀가 좋은 대학교에 가고 좋은 직장에 취직하며 좋은 상대를 만나 결혼까지 하게 된다면 얼마나 좋겠는가? 요즘 필자의 친구 모임이나 친구와의 전화 통화에서

축하를 가장 많이 받는 것이 자녀의 취업 소식이다. 부러움과 시샘이 동시에 작용한다. 우리 애가 더 공부도 잘하고 더 좋은 대학을 나온 것 같은데 정작 우리 애는 취업도 하지 못하고 있다면 말로는 축하 인사를 건네지만 속으로는 복장이 터진다. 친구 자녀의 취업 소식도 들려오고 이제는 간간이 자녀의 결혼 소식도 들려온다. 이런 소식들을 접하면 그 친구는 어떻게 결혼 비용을 마련하고 결혼을 시키는 것인지 궁금하다. 필자에게도 곧 닥칠 일이기에 부러움과 걱정이 공존한다.

노후 자금은 냉정하게 써야 한다

취업에 성공하고 결혼도 하게 되면 부모 처지에서는 정말로 자녀에게 해줄 수 있는 것은 다한 셈이다. 이제 인생의 큰 숙제를 모두 마치고 노후를 보내려 하는데 불행하게도 손에 쥔 노후 자금은 이미 바닥 난 상태다. 자녀 결혼 자금을 마련하기 위해 퇴직금도 다 써버리고, 최악의 경우 아파트도 처분한 현실을 마주하게 된다면 얼마나 비참하겠는가? 이는 은퇴한 사람이라면 누구나 겪을 수 있는 현실이다.

따라서 자녀의 결혼 비용과 같이 목돈이 들어가는 경우에 한해서는 더욱 냉정해져야 한다. 있는 것을 모두 내주는 것이 부모의 도리는 아니다. 일단은 내가 살아야 한다. 자녀를 결혼시키더라도 앞으로 30년은 더 살아야 하는데 그 기간을 노후 자금 없이 어떻게 버텨낸단 말인가? 모든 여정을 마치고 편하게 살아야 할 시기에 생활비를 벌기 위해서 다시 고단한 하루하루를 살아야 한다면 너무 슬프지 않은가?

결혼한 자녀가 손주 양육까지 책임져 달라고 할 수 있다. 하지만 거기까지만 하자. 손주 양육까지 하게 되면 정말 인생을 즐길 틈이 없다. 부모와 자녀 간에도 서로 넘지 말아야 할 선은 있어야 한다. 내가 먹고 살 것은 스스로 지켜야 한다. 나이가 들수록 냉정해지자.

PART 2 은퇴 준비 이야기

4 100세 시대의 필수조건인 건강관리

100세 시대가 현실로 다가오고 있다. 건강하게 오래 사는 것과 아프면서 오래 사는 것은 차원이 다른 얘기다. 아프면서 오래 산다는 것은 본인은 물론 가족에게도 재앙이다. 나이를 막론하고 지금부터 바로 건강을 위해 신경을 써야 한다. 돈이 아무리 많아도 건강하지 못하면 다 부질없다. 아파서 삶이 비참해지는 것은 한순간이다.

가장의 어깨를 짓누르는 삶의 무게는 상상을 초월한다. 요즘은 여성의 사회 진출이 활발해지면서 결혼하더라도 일반적으로 맞벌이를 한다. 하지만 베이비부머세대는 대부분 외벌이로 돈을 벌면서 가족을 부양했다. 여자는 집안에서 자녀의 육아와 교육에 전념하는 게 일반적이었다. 가족을 위해 열심히 일에만 몰두하다 보니 자연히 건강관리에는 소홀했다. 스트레스를 해소하기 위한 배출구는 운동이 아니라 술과 담배였다. 뱃살은 늘어나고 지방간, 고혈압 등 각종 성인병 몇 가지는 기본으로 달고 산다. 그나마 정신을 차리고 술, 담배를 줄이거나 금연·금주를 하면서 자기관리를 하면 정말 대단한 사람이다. 요즘 신세대는 자기관리를 철저하게 하는 편이다. 술도 많이 마시지 않으며 마시더라도 얄밉도록 적당히 마신다. 운동을 통한 자기관리도 잘해 칭찬해주고 싶을 정도다.

설문조사에 따르면 45세 이상 연령대에서 운동을 거의 하지 않는 사람들의 비중이 무려 28%나 된다고 한다. 일에만 집중하고 건강과 관련한 자기관리에는 무척 소홀하다. 힘들고 지치면 술을 마시고 휴일에는 TV를 보거나 그저 잠을 청하는 경우가 일반적이다. 40~50대 직장인들의 학창 시절 사진과 지금의 사진을 비교해 보면 공통적인 점이 있다는 사실을 알 수 있다. 지금은 그때와 전혀 다른 사람이 되어 있다는 것이다. 몸무게가 평균적으로 20~30kg 이상 늘어나 있고 홀쭉했던 배는 온데간데없다. 뱃살이 세월의 흔적을 그대로 보여준다. 과체중에 따른 고혈압, 당뇨, 그리고 지방간 등은 훈장처럼 따라다닌다. 이렇게 건강의 적신호는 계속 쌓여만 가는데 관리를 제대로 하지 않으면 큰 탈이 날 수 있다. 나이를 들면 들수록 건강에 문제가 생길 가능성은 높아진다.

더욱 심각한 것은 설문조사 결과 70대 이상 노인 중에서 본인의 건강에 대해 만족한다고 답변한 사람이 20%에 불과했다는 점이다. 나머지 80%는 어느 곳이든 불편한 곳이 있고 그로 인해 생활에 지장을 받고 있다는 것이다. 이런 상태로 100살까지 산다는 것은 희망 사항일 뿐이다. 골골대며 100살까지 산다 한들 무슨 의미가 있겠는가? 건강하지 못하면 다 무용지물이다. 가족만 힘들어질 뿐이다.

나이가 들면 몸에 이상이 생기는 것은 자연스러운 현상이다. 하지만 관리를 잘하면 자연스러운 현상을 지연시킬 수 있다. 나이가 들어도 노인 티를 내면서 사는 것보다 젊은 티를 내면서 살 필요가 있다. 몸도 마음도 젊게 살아야 한다.

자신에게 맞는 운동을 찾아 습관화하라

늦지 않았다. 한 살이라도 젊었을 때 자신에게 맞는 운동을 찾아 습관화해야 한다. 필자는 산을 좋아해서 등산을 자주 다녔다. 직장의 산악 동호회에서는 회장도 맡았었다. 한계령에서 출발해 서북 능선을 타고 대청봉에 올라 오색으로 내려오는 설악산 코스를 10년 넘게 매년 다녔다. 지금은 무릎 보호를 위해 높은 산에 오르는 것은 자제하면서 걷기 편한 길을 찾아 트레킹을 즐기고 있다. 평소에도 1만 보 걷기를 실천한다. 근력운동도 무리하지 않을 정도로 꾸준하게 하고 있다. 필자의 현재 몸무게는 1990년대 초 신입 사원 시절의 몸무게와 비슷하다. 오히려 그때보다 더 건강해진 느낌이다.

건강관리를 위한 운동은 반드시 습관이 되어 있어야 한다. 그리고 나이가 들어도 지속가능한 운동이어야 한다. 직장에서 직급이 올라가고 팀장급이나 본부장이 되면 자연스럽게 많이 하는 운동이 골프다. 골프가 나쁜 운동은 아니지만 비용 측면에서 쉽게 접근하기가 어려운 운동이다. 아직은 골프가 대중적이라고 말하기에는 비용이 과하다. 골프는 인생에서 연봉 수준이 가장 높은 시기에 즐기는 운동이다. 당시에는 부담이 작을 수 있겠지만 은퇴 이후에도 골프를 즐기면서 생활한다는 것은 어찌 보면 사치일 수 있다. 필자는 50대 들어서면서 골프를 즐겨하지 않는다. 은퇴 이후에는 중요한 골프 모임 등을 제외하고는 될 수 있는 한 자제한다. 이젠 재미도 없다. 필자에게 안성맞춤인 트레킹은 건강에도 좋고 비용 측면에서도 만족스럽다. 물론 골프가 좋고 즐길 만한 여유가 있다면 반대할 이유는 없다. 이유야 어떻든 자신이 좋아하며 자신의 재정 상태와 체질에 맞는 운동을 찾아 꾸준하게 하는 것이 중요하다.

100세 시대의 희망 사항을 숫자로 표현한 것이 '9988234'다. '99세까지 88하게 살다가 2~3일 앓다가 죽는다(4)'라는 의미다. 건강하게 살다가 가족에게 부담을 주지 않고 죽고 싶다는 희망 사항을 숫자에 담은 것이다. 노후 자금도 여유 있게 준비해서 99세까지 건강하게 살다가 죽는다면 이 얼마나 행복한 인생인가? 100세 시대는 단순하게 오래 사는 것이 중요한 것이 아니다. 진짜 중요한 것은 건강하게 오래 사는 것이다. 노후 자금은 너무 많을 필요도 없다. 개인적으로 차이는 있겠지만 생활하기에 불편함이 없을 정도의 자금으로 건강하게 만족하면서 살면 된다.

젊었을 때 건강관리를 하지 않는 것은 미래의 건강을 당겨서 쓰는 것과 같다. 지금은 괜찮을지 몰라도 미래의 건강을 담보로 살아가다 보면 노후에는 비참해질 수 있다는 것을 명심하자.

은퇴 이후 건강과 관련해서 가장 많이 하는 후회들

건강에 대한 중요함은 아무리 강조해도 지나침이 없다. 사람들은 건강이 악화되고 나서야 관리하지 못한 것을 후회한다. 9988234하기 전에 건강과 관련해 가장 많이 하는 후회들을 정리해 보았다.

1) 치아관리에 신경 쓰지 못한 점

우리 몸에서 제일 중요한 곳이 바로 치아다. 치아가 건강하지 못하면 의식주 중에서 식(食), 먹는 것을 제대로 할 수 없다. 제대로 먹지 못하면 영양관리가 되지 않아 당연히 건강에 나쁜 영향을 미친다. 정말 중요한데 또 가장 쉽게 생각하는 것이 치아관리다. 하루에 2~3번 양치를 하는데 뭐가 문제야? 그 정도면 됐지? 아픈 데도 없으면 그저 잘 관리되고 있다고 오해한다.

필자도 치과에 가는 것을 그리 좋아하지는 않는다. 하지만 40대 이후로는 1년에 1~2회 꾸준하게 스케일링과 검사를 받는다. 그럼에도 불구하고 스케일링을 받을 때마다 이상한 곳이 발견된다. 치아가 썩거나 시린 곳이 생긴다. 나이가 들수록 더 빈도수가 잦아진다. 솔직히 치과 치료에는 비용이 꽤 많이 든다. 비급여 항목이 많다 보니 한 번 대공사를 하면 치료비가 장난이 아니다. 열심히 관리받고 있는데도 이상이 생기는데 관리도 하지 않고 튼튼하다고 과신하면 안 된다. 치료를 받을 수 있는 수준이 있고 그렇지 못한 수준이 있다.

사람의 가장 큰 즐거움 중의 하나는 맛있는 음식을 먹는 즐거움이다. 일부러 맛집만 찾아다니는 사람도 많다. 그런데 치아가 좋지 않으면 이러한 먹는 즐거움을 느낄 수 없다. 그리고 일단 이가 아프거나 잇몸이 부실하면 제대로 먹을 수 없어 영양 섭취에 불균형이 생긴다. 영양 섭취가 부실해지면 기력이 떨어지고 이는 근력 저하로 이어져서, 넘어져 다치기 쉽다.

더 늦기 전에 치과 치료를 정기적으로 받도록 하자. 회사에서 받는 건강검진에는 치과 검사가 제외된 경우가 많다. 사소한 것이겠지만 평소에도 치실질과 양치질도 잘하며 철저하게 관리해야 한다. 평소에 치아를 관리하는 방법을 알기 위해서는 유튜브 등을 잘 활용하면 된다. 중요한 것은 치과를 방문해서 받는 정기적인 관리다.

2) 담배를 끊지 못한 점

담배는 백해무익한 것이다. 담배가 건강에 좋아서 피우는 사람은 없다. 흡연은 스트레스를 해소하는 하나의 배출 창구로 습관화된 행동이다. 필자도 스무 살에 담배를 처음 배워 20년간 피우고 40살이 되어서야 겨우 끊었다. 대학교에 입학하면서 제일 먼저 해보고 싶었던 것이 담배를 피워 보는 것이었다. 왠지 멋있어 보였고 호기심이 컸다. 그렇게 배운 담배를 20년이나 피우게 되었다. 담배를 끊었을 때 참 독한 놈이라는 얘기를 많이 들었다. 담배는 개인의 의지만으로 끊기가 매우 어렵다. 어찌 보면 중독되어 있는 것이라 몸에 이상이 생기지 않으면 결심만으로 끊기가 쉽지 않다. 필자는 흡연할 때마다 가슴에 통증을 느껴 큰 어려움 없이 끊을 수 있었다. 만약 몸에 이상신호가 없었다면 금연하기가 어려웠을 것이다. 아마 냄새가 덜 난다는 이유로 전자담배를 피우고 있었을지도 모른다.

담배를 피우는 사람들은 담배가 몸에 해롭다는 것을 알면서도 피운다. 그래서 무서운 것이다. 폐나 심혈관 등에 문제를 일으켜 사망률을 높이는 가장 큰 요인이 바로 흡연이다. 어렸을 때는 왠지 그냥 멋있어서 피우지만 나이가 들면 습관적으로 피운다. 몸에 이상이 생겨도 끊지 못하는 사람이 많다. 필자가 지금까지 살면서 가장 잘한 선택 중의 하나가 바로 금연이다. 처음부터 배우지 않았으면 좋았겠지만 그나마 더 늦지 않게 금연에 성공해서 천만다행이다. 연초를 끊기 어려워 전자담배를 피우는 사람이 크게 늘어나고 있다. 전자담배도 냄새가 덜할 뿐이지 몸에 좋지 않은 것은 마찬가지다.

금연하게 되면 건강상의 이로운 점 이외에도 경제적인 측면에서도 이득이 된다. 담배 한 갑을 매일 피운다고 가정할 때 한 갑에 4,500원이면 한 달에 135,000원을 절감할 수 있다. 일 년이면 162만 원이다. 적은 돈이 아니다. 여기에다 흡연으로 인해 생길 수 있는 각종 질환을 사전에 예방할 수 있으니 병원비도 절감하는 셈이다.

담배를 끊고 나면 몸이 한결 가벼워지고 건강해지는 느낌이 든다. 담배를 많이 피던 시절에는 아침이 되면 항상 입안이 텁텁하고 입냄새가 나는 것 같았다. 하지만 금연 이후에는 입안이 너무나 개운하고 상쾌하다. 아직도 담배를 피우고 있는 분이라면 지금 당장 금연하면 좋겠다. 100세 시대에 가장 큰 적은 바로 담배다. 한 살이라도 더 젊었을 때 금연하기 바란다.

3) 술을 절제하지 못한 점

직장인에게 또 하나의 험난한 산은 술이다. 지금은 직장에서 술을 권하는 분위기는 많이 사라졌다. 코로나 팬데믹 이후로는 술잔도 돌리지 않는다. 술자리를 위한 저녁 회식이 점차 사라지고 맛집에서의 점심 식사로 회식을 대신한다. 과거에는 본인의 의사와는 상관없이 술을 마셔야 하는 경우가 일반적이었다. 그렇다 보니 소주 반 병이었던 주량이 몇 년이 지나면 2~3병이 된다. 술자리가 습관처럼 이어져 일주일에 3~4일 술을 마신다. 누구를 만나더라도 술자리는 기본이다. 직장 생활에서 쌓인 스트레스도 술로 해결한다. 그렇다 보니 과음도 하게 되고 필름이 끊기는 경우도 생긴다. 술에 취해 큰 실수를 하기도 한다. 요즘 신세대들은 나름대로 술과 관련해서는 자제를 잘하지만 일단 술 자체를 즐겨 하지 않는다. 문제는 회사에서 어느 정도 정점에 있는, 은퇴 준비가 가장 절실한 40~50대 고참들이다.

적당한 술은 건강에 좋다고 한다. 이 말은 술을 좋아하는 사람의 일반적인 논리다. 그 적당이라는 양이 어느 정도인지 모른다. 아마도 건강에 좋은 적당이라는 양은 한두 잔 정도일 것이다. 나이가 들면 주량은 자연스럽게 줄어든다. 은퇴하면 억지로 술을 마실 자리도 거의 없고 마실 필요도 없다. 본인 뜻대로 하면 된다. 금주도 하면 좋지만 금주가 어렵다면 건강을 해칠 정도로 마시지 말고 자제하면서 마시면 된다.

술과 관련해서 후회하는 사람은 절제하지 못하고 너무 과하게 마시기 때문이다. 그렇다 보니 당연히 건강에 이상이 생긴다. 간에 문제가 생기는 경우가 대표적이다. 무슨 일이든 지나치면 문제가 생기는 법이다. 적당한 선에서 끊어야 하는데 과거에는 2, 3차는 기본이었다. 술자리도 회사 생활의 일부라고 생각했다. 지금 생각해 보면 참 어리석은 짓이다. 필자도 회사에서 팀장, 부장, 본부장 시절 나름 술이 세다고 소문이 났었다. 그때는 적당히가 아니라 술도 최선을 다해서 마셨다. 지금은 예전에 비해 주량도 많이 줄었고 마시고 싶은 만큼만 적당히 마신다. 마실 기회도 많지 않다. 옛날처럼 마시면 아마 바로 병원에 실려갈 것이다. 천만다행으로 잦은 술자리로 인한 건상상의 문제는 없었다는 게 고마울 따름이다. 이제는 요행이 아니라 스스로 관리하면서 건강을 지켜 나가야 한다.

과음은 흡연만큼이나 건강에 해롭다. 건강을 위해 술을 끊는 사람이 늘고 있다. 건강에 이상이 생기기 전에 원인을 미리 제거하는 것이다. 금주를 하면 간 손상 회복, 심장질환 및 암 위험 감소, 체중 감량, 뇌

기능 향상, 수면 개선 등 몸에 이로운 변화가 생긴다. 술은 본인이 절제하지 못하면 해로움이 많다. 금주를 하는 것이 좋겠지만 그렇지 못하다면 적당한 선에서 마실 수 있는 절제력이 필요하다. 특히 조금씩 마시면 건강에 괜찮다고 해서 매일 반주로 술을 마시는 것은 좋지 않은 습관이다. 술이라는 것도 담배와 마찬가지로 습관적으로 하게 되면 나중에 큰 문제가 된다. 조금이라는 양이 계속 늘어날 수 있고 나중에는 알코올중독처럼 하루라도 마시지 않으면 불안해질 수 있다. 운동과 같은 것은 습관이 필요하지만 술과 담배는 습관이 되면 필요악이 된다.

필자의 평생지기는 술과 담배를 아예 끊었다. 지금도 인터넷 언론사 CEO로 사회 활동을 열심히 하고 있다. 매일 많은 사람을 만나야 하는 직업이다. 그럼에도 불구하고 술과 담배를 끊었다. 처음에는 불편했지만 지금은 사람들을 만나는 데 술과 담배를 하지 않더라도 전혀 불편하지 않다고 한다. 솔직히 필자는 불만이 있었다. 담배를 피우지 않더라도 같이 트레킹하며 막걸리라도 한잔해야 하는데 말이다. 그런데 지금은 서로 익숙해졌다. 술과 담배로 나중에 고생하는 것보다 오랫동안 건강하게 살면서 좋은 추억을 쌓아가는 것이 더 중요하기 때문이다.

4) 건강검진을 꾸준하게 받지 못한 점

나이가 들수록 병원에 가는 것을 싫어하거나 귀찮아한다. 특히 40~50대가 그렇다. "괜찮아", "금방 나을 거야", "이 정도는 참을 수 있어"라고 하면서 감기약은 약국에서 사서 먹거나 많이 아프지 않으면 웬만하면 참고 넘어간다. 제일 위험한 생각이다. 병이 병을 키운다. 초기에 치료하면 아무런 문제가 되지 않을 병이 방치되면 큰 병이 될 수 있다. 그리고 아프지 않은데 굳이 건강검진을 받을 필요가 있겠는가 하고 쉽게 생각한다. 건강검진은 건강에 이상이 있어서 받는 검사가 아니라 예방하기 위함이다. 이미 몸에서 이상신호가 생긴다면 어디에선가 문제가 발생한 것이다. 심각한 문제일 수도 있다. 병이 생기기 전에 지속적으로 관리해야 한다. 몸에 이상이 생기더라도 초기에 발견하면 치료할 수 있다.

회사를 다닐 때는 그래도 괜찮다. 본인이 원하지 않더라도 의무적으로 정기건강검진을 받기 때문이다. 하지만 은퇴하고 나서 본인이 자비로 건강검진을 받아야 한다면 상황이 달라진다. 종합건강검진 비용으로는 최소한 50~100만 원 이상이 필요하다. 은퇴 이후에는 이 비용이 만만치 않다. 그래서 아프지도 않으면 지출을 줄이기 위해 건강검진을 건너뛰는 경우가 일반적이다.

요즘 60~70대는 노인 중에서도 젊은 신세대다. 본인의 건강에 대해 과신할 수 있다. 하지만 과신은 금물이다. 무조건 종합건강검진은 최소한 1~2년에 한 번씩은 받아야 한다. 건강은 누가 챙겨주지 않는다. 본인 스스로가 챙겨야 한다. 물론 80대가 되면 조금만 아파도 자녀에게 넋두리를 하고 가지 말라고 해도 병원에 가서 검사를 받는다. 특히 베이비부머세대는 위로는 부모를 모셔야 하고 아래로는 자녀를 떠받들어야 하는 이중고에 시달리는데 정작 본인의 건강관리에는 가장 소홀하다. 부모와 자녀를 챙기는 데 신경만 쓰지 말고 본인 건강부터 챙겨야 한다.

특히 건강검진의 사각지대는 역시 자영업자다. 경기가 좋을 때는 신경 써서 건강검진을 받을 수 있다. 하지만 경기가 좋지 않을 땐 한 푼이라도 아껴야 하기 때문에 검사를 받는 것이 쉽지 않다. 불규칙한 건강검진으로 인해 병을 키우는 경우도 많이 발생한다. 몸이 건강해야 장사도 오래할 수 있다. 정기적인 건강검진을 쉽게 생각하지 말고 꾸준하게 받기를 간곡히 당부한다.

5) 체중을 관리하지 못한 점

직장인이라면 누구나 과체중 때문에 머리가 아플 것이다. 갑작스러운 비만은 만병의 근원이 된다. 필자의 대학교 시절 몸무게는 60kg 내외였다. 그때는 식성도 까다롭고 많이 먹는 타입도 아니었으며 살이 안 찌는 체질인 줄 알았다. 하지만 제대한 후 체질이 바뀌었는지 갑자기 몸무게가 늘어나기 시작했다. 1990년대 초 증권회사에 입사해서 지점 영업을 하며 운동은 하지 않고 매일 저녁 술과 함께 기름진 음식을 먹는 게 문제였다. 불과 1년 만에 몸무게가 82kg까지 불어나 오랜만에 보는 친구들이 몰라볼 정도였다. 정신을 차리고 운동을 시작했지만 아무리 열심히 운동해도 몸무게가 좀처럼 줄지 않았다. 50대 들어서야 술도 줄이고 운동을 습관처럼 꾸준하게 하다 보니 지금은 70kg 전후의 몸무게를 유지하고 있다. 오히려 40대 때보다 더 건강해진 느낌이다. 몸무게가 줄어 예전에 입었던 옷이 맞지 않아 새로 사야 하는 번거로움이 생겼다. 하지만 슬림한 옷을 입을 수 있는 몸매로 바뀐 모습을 바라보면 그저 즐겁기만 하다.

지인들 중에 많은 이가 체중 감량에 성공한 필자를 부러워한다. 아무리 운동해도 50~60대의 상징처럼 되어 버린 불룩한 배가 쉽게 들어가지 않는다고 하소연한다. 나이가 들면 운동을 통해 체중을 감량한다는 게 정말 쉬운 일이 아니다. 운동을 정말 꾸준하게 해야 하고 습관적으로 해야 된다. 근력도 약해져 운동량을 조절하기도 쉽지 않다. 그래서 운동도 젊었을 때 일찍 시작해야 한다. 이런저런 이유로 운동을 거르는 사례가 많아지면 운동 자체가 부담된다. 고강도 운동을 자제하고 자신에게 맞는 강도로 꾸준하게 해야 한다. 무리하게 운동하면 오히려 몸을 해친다.

필자는 한때 운동 중독에 빠져 무리하게 운동한 적이 있었다. 몸무게가 빠지면서 소위 남자들의 로망이라고 할 수 있는 식스팩을 만들어 보고 싶은 욕망이 생겼다. 하지만 가동범위를 벗어난 무리한 운동으로 어깨가 망가지기 시작했다. 한동안 치료를 하느라 자연스럽게 운동을 하지 못했고 요요 현상도 찾아왔다. 런닝머신에서 너무 빠른 속도로 달리다 무릎도 다쳐 봤다. 지금은 절대로 무리하지 않는다. 식스팩에 대한 미련은 버린 지 오래다. 그저 체중을 유지하면서 꾸준하게 운동하는 데 만족한다. 남들에게 보여주기 위한 운동이 아니라 자신의 건강만을 위한 운동에 전념하고 있다. 운동을 싫어하는 사람은 운동할 시간이 없다는 핑계를 댄다. 과연 시간이 없어서 운동을 못하는 것일까? 우리는 일상 속에서 조금만 신경을 써서 계획적으로 행동하면 하루에 만 보 걷기 등은 충분히 실천할 수 있다. 못하는 것이 아니라 안 하는 것이다.

PART 2 은퇴 준비 이야기

5 준비 없는 은퇴와 험난한 재취업에 대한 고민

'열심히 일하고 있는데 왜 지금 은퇴 준비를 해야 하죠? 은퇴 준비는 은퇴하고 나서 그때 천천히 생각해 봐도 되는 것 아닌가요?' 이는 가장 흔한 착각이다. 회사에서 중요한 직책을 맡고 황금기를 보내고 있으니 굳이 은퇴 준비를 할 필요가 없다는 생각은 빨리 지워야 한다. 회사에서 누리는 황금기는 영원히 지속되지 않는다. 임원이 아닌 정규직은 그나마 60세까지 정년이 보장된다. 그렇지만 정년까지 회사에 다니더라도 황금기 수준의 연봉을 받으며 다닐 수는 없다. 회사마다 차이는 있지만 일반적으로 임금피크제로 만 55세 이후부터 매년 임금이 일정 비율로 삭감된다. 당연히 임금피크제 구간에서는 보직도 내려놔야 한다. 이전에 은퇴 준비가 부족했다면 이 시기에 은퇴 이후를 절실하게 고민해야 한다. 은퇴 이후에 어떤 일을 할 것인지 충분히 준비하고 고민할 시간이 생각보다 많지 않다.

임원의 경우는 좀 더 많은 고민을 해야 한다. 임원은 계약직이다. 연말에 갑자기 퇴임을 통보받을 수 있다. 아무런 준비 없이 은퇴하게 될 수도 있다. 특히 임원 재임 기간이 길었던 사람들은 퇴임 이후 새로운 생활에 적응하기도 쉽지 않다. 대기업 임원의 경우 회사로부터 차량을 제공받는다. 법인 차량으로 출퇴근한다. 경우에 따라서 기사가 있을 수 있다. 그런 생활에 익숙해져 있다가 갑작스럽게 퇴임하면 모든 게 혼란스럽다. 심지어는 오랜 기간 법인 차량으로만 이동해 대중교통의 이용이 낯설다. 혼자서 차 없이 다니는 데 불편함을 느낀다. 예전에는 다른 사람이 다 해주던 사소한 일도 본인이 직접 해야 하는데 할 줄 아는 게 없다. 갓 태어난 아기와 같다. 대중교통을 이용하는 방법도 모르고 대중교통 요금이 얼마인지도 모른다. 상상할 수 없겠지만 현실이 그렇다. 그래서 퇴임을 갑작스럽게 통보받으면 세상과 단절되는 느낌을 더 강하게 받는다. 이로 인해 우울증으로 고생하는 사람도 있다. 임원으로서 본인이 누렸던 혜택을 내려놓기가 쉽지 않아 새로운 생활에 대한 적응은 더 어렵다. 그리고 '내가 대기업 임원이었는데 어디든 갈 데가 없겠어?'라고 재취업을 너무 쉽게 생각한다.

임원이 아니더라도 대기업에 다녔던 사람도 은퇴를 쉽게 생각한다. 대기업에 다녔던 본인의 경력이면 어디든 쉽게 재취업할 수 있을 것이라고 믿는다. 하지만 새로운 직장을 구하기 어렵고 50대 중반을 넘어선 사람을 뽑을 곳도 많지 않다. 처음에는 현실을 부정한다. 내 경력이면 중소기업의 임원 정도로는 충분히 갈 수 있다고 자신한다. 아니 착각을 한다. 몇 개월이 지나 현실을 직시하지만 그때가 되면 더 괴롭다. '내가 이 정도밖에 안 되는 건가?' 생각이 깊어질수록 자괴감에 빠진다. 적절하게 자신을 다스리지 못하면 더 큰 위험에 빠질 수 있다. 심지어는 극단적인 선택을 하는 경우도 생긴다. 이때 가장 필요한 것이 가족의 도움인데 아내와 자녀도 퇴임 전과 퇴임 후의 태도가 다르다. 더 비참해질 수 있다.

하나금융그룹 100년행복연구센터에서 진행한 설문조사에 따르면 50대 퇴직자 중에서 64.4%가 퇴직 후유증을 경험했다고 한다. 은퇴 후에도 가정을 책임져야 하는 압박감과 상실감을 느껴 힘들어한다는 것이다. 은퇴 전과 은퇴 후의 삶은 전혀 다른 세상이다. 은퇴 이후 세상은 황금기의 자신을 내려놓지 않으면 적응하기 어려운, 전혀 다른 세상이다. 새로운 세상에 적응하려면 마음가짐부터 바꾸어야 한다. 그래도 마음에 여유가 있다면 적응하는 데 어려움을 덜 느낀다. 처음 사회에 발을 내디딜 때의 긴장감도 있어야 하지만 조급하게 서두르지 말고 차분하게 준비해야 된다. 새로운 것을 시도하더라도 단지 흥미가 있다고 해서 시작하면 안 된다. 사전에 충분히 준비하고 미리 경험을 쌓고 시작해야 한다. 젊었을 때의 실패는 새로운 도전의 발판이 되지만 은퇴 이후 무리한 창업 등으로 인한 실패는 삶에 큰 부담이 된다는 점을 명심하자.

따라서 은퇴하기 전에 시간적인 여유가 있을 때마다 은퇴 후에 본인이 하고 싶은 일이나 잘할 수 있는 일에 대해 고민해야 한다. 은퇴 후에 일은 은퇴 전의 일과는 다르다. 은퇴 전에는 치열하게 경쟁하면서 가족을 부양하기 위해 쉬지 않고 뛰는 삶이었다면 은퇴 후에는 여유롭게 일하는, 쉼이 있는 삶이어야 한다. 은퇴 후에도 은퇴 전과 같이 쉼 없이 뛰어야 한다면 건강에 이상이 생길 수도 있고 지쳐서 나가떨어질 수도 있다. 벌이가 적더라도 지치지 않고 오랫동안 즐겁게 할 수 있는 일이 필요하다. 재정적인 여유가 있다면 취미 활동에 대한 관심을 높여가면 좋다. 단 취미 활동 등이 노는 것에 국한되는 취미 활동이 아니라 생산적인 활동하고 연결되는 취미 활동이어야 한다.

그리고 시간이 되면 먼저 은퇴한 선배들에게 조언을 듣는 것도 좋다. 앞서 은퇴를 경험한 선배들의 이야기를 들으면서 앞으로 준비해야 할 것에 대한 아이디어를 얻을 수도 있다. 선배들의 조언이 다 좋을 수는 없다. 은퇴 준비가 잘된 선배에게는 성공의 교훈을, 은퇴 준비가 덜 된 선배에게는 실패에 대한 조언을 부담 없이 들으면 된다.

은퇴자 중에서 많은 사람이 "열심히 일만 했다. 노후에 내가 어떻게 살 것인지 생각해 보지 않았다. 앞만 보고 달렸다. 열심히 일만 하면 노후는 편안할 줄 알았다"라고 말한다. 때늦은 후회를 하지 않도록 준비해야 한다. 지금 시작해도 늦지 않았다.

PART 2 은퇴 준비 이야기

6 조기 은퇴와 준비되지 않은 창업의 위험

너무 이른 퇴직 연령

2022년 기준 통계청 자료에 따르면 한국인의 평균 퇴직 연령은 49.3세에 불과하다. 50세를 전후해서 퇴직한다는 것이다. 퇴직 사유 중에서 비자발적 퇴직이 무려 41%에 달한다. 60세 정년퇴직은 13% 내외에 불과했다. 정년이 60세인데 이보다 10년이나 빠른 50세 퇴사는 너무 이르다. 퇴직하기에는 너무 이른 나이지만 막상 회사를 나와 새로운 직업을 구하기가 쉽지 않다. 그렇다 보니 창업을 고민하는 은퇴자가 많다.

필자가 요즘 친구 모임에 나가면 대화의 주제는 항상 은퇴와 관련한 이야기다. 은퇴한 친구가 요즘 뭐 하고 사는지가 궁금하다. 지금까지 회사에 다니고 있는 친구에게는 언제까지 다닐 수 있는지가 궁금하다. "퇴직금은 많이 받고 나왔냐?", "퇴직 후에는 뭘 할 거냐?" 등 대부분이 은퇴 준비와 은퇴 이후에 대한 이야기다. 아직 버티고 있는 친구들은 이미 임금피크제에 들어가 직책을 내려놓았고 월급이 정률적으로 깎이고 있다. 정상적인 회사 생활은 아니다. 월급이 깎이면서도 회사를 계속 다니는 이유는 나와서 그만큼의 월급을 주는 직장을 새로 구할 수 없다는 사실을 잘 알고 있기 때문이다. 늦둥이라도 있어 아직 자녀의 나이가 어린 친구는 회사에서 교육비를 지원받는 게 큰 보탬이 된다. 우스갯소리로 "오래 버티는 놈이 회사에서는 성공하는 것"이라는 말이 있다. 임원으로 재임하기보다는 가늘고 길게 정년까지 회사에 붙어 있는 게 임원 생활을 짧게 하고 일찍 퇴직하는 것보다 더 좋다는 얘기다. 맞는 말이다.

많은 사람이 임원 생활을 오래 하면 받는 월급이 많기 때문에 노후 준비를 더 잘할 수 있을 것이라고 생각한다. 물론 임원은 월급도 많고 복지 혜택도 더 다양하다. 하지만 임원을 오래 한다고 해서 모이는 돈이 많아지는 것은 아니다. 많이 받는 만큼 많이 쓴다. 결국 모아 놓은 돈은 임원이나 평직원이나 마찬가지다. 오히려 임원일 때 높아진 눈높이와 늘어난 씀씀이 때문에 은퇴 이후에 힘들어하는 사람이 많다. 월급은 적더라도 그에 맞는 생활을 해왔던 평직원들은 은퇴 이후 임원출신보다 새로운 세상에 더 쉽게 적응한다. 결국 월급이 많고 적음보다 오랫동안 회사 생활을 하는 것이 현실적으로 더 이득인 셈이다.

요즘은 임원으로 퇴임하더라도 50대 중반을 넘어서면 갈 곳도 없다. 임원이었다는 자존심을 버리고 모든 것을 내려놓는 데 많은 시간이 걸린다. 퇴임했지만 씀씀이는 임원이었을 때와 별 차이가 나지 않는다.

모아 놓은 돈이 있다면 빠른 속도로 소진된다. 그래도 걱정은 없다. 곧 어디든 불러줄 곳이 있어 재취업을 할 수 있다는 환상을 가지고 있기 때문이다. 또한 내가 월급을 천만 원 넘게 받았던 사람인데 적어도 이 정도는 받아야 한다는 자존심도 쉽게 내려놓지 못한다. 하지만 퇴직 이후 몇 개월이 지나도 불러주는 곳이 없으면 불안해진다. 씀씀이를 줄여보려 하지만 맘처럼 줄어들지 않는다. 이 또한 쉽지 않다. 결국에는 자존심도 다 버리고 눈높이를 낮추어 일자리를 구해보지만 현실은 냉정하다. 차라리 기술을 가지고 있다면 모를까 월급쟁이 회사원으로 평생을 살아오던 사람에게 무슨 기술이 있겠는가? 운 좋게 재취업하더라도 단기 계약이 대부분이다. 임금도 퇴사 전에 받았던 연봉의 30~40% 수준만 되어도 훌륭하다. 퇴직 이후에 재취업이 어렵다 보니 취업이 보장된다는 말에 많은 사람이 자격증 시험에 뛰어든다. 돈과 시간을 투자해 어렵게 공부해서 자격증을 취득하지만 취업 보장은 언감생심이다.

40~50대를 위한 취업의 문이 너무 좁다 보니 마지막 선택으로 창업을 고민한다. 사장이라는 그럴듯한 직함으로 명함을 만들어 과시할 수도 있다. 하지만 창업이란 게 말처럼 쉬운 게 아니다. 준비 없는 창업은 절대로 성공할 수 없다. 할 줄 아는 게 없으니 치킨집이나 카페, 편의점 등을 쉽게 떠올린다. 하지만 전국에 치킨, 카페, 편의점 가맹점의 수가 얼마나 되는지 생각해 본 적이 있는가? 이름 있는 프랜차이즈로 개업만 하면 돈을 쉽게 벌 수 있다고 생각하면 큰 오산이다. 자영업도 어떤 분야이든 그 분야를 잘 알아야 한다. 물론 회사를 그만두고 창업해서 성공한 사람도 많다. 하지만 창업에 성공한 사람은 나름대로 오랫동안

철저하게 준비했다. 운 좋게 성공한 게 아니다.

필자가 사는 아파트 단지 내의 상가에는 수많은 가게가 있다. 하지만 업종을 불문하고 많은 가게가 짧게는 6개월, 길게는 2~3년 내에 폐업하고 나간다. 아무리 목이 좋아도 버티지 못하고 손을 든다. 비싼 임차료에 인건비 그리고 늘어나는 재료비를 감당하기 어렵다. 그런데 놀라운 것은 빈자리가 어느새 또 새로운 가게들로 채워진다는 사실이다. 실패의 고통이 계속 반복되는 것이다. 창업에 실패하면 은퇴 자금을 모두 날릴 수 있다. 대출을 받아 시작한 창업이라면 큰 빚이 남게 된다. 그렇기 때문에 은퇴 후의 창업은 신중에 신중을 기해야 한다. 그렇다면 성공적인 창업을 하려면 어떻게 해야 할까? 정답은 없지만 자영업 중심의 성공적인 창업을 하는 데 가장 기본적인 내용을 살펴보도록 하겠다.

성공적인 창업을 위한 조언

1) 무리하지 말고 소자본으로 시작하라

창업은 소자본으로 하는 것이 기본이다. 무리하게 대출이나 담보로 수억 원 내지 수십억 원을 들여 창업하게 되면 큰 낭패를 볼 수 있다. 물론 장사가 잘되는 좋은 자리는 권리금도 많이 필요하고 보증금과 임차료도 비싸다. 목이 좋은 위치는 그만큼의 가치가 있다. 하지만 아무리 좋은 위치의 가게라 하더라도 경기가 나빠지면 힘들어진다. 어려울 때 어느 정도 버틸 수 있는 수준의 창업을 해야 한다. 그래서 일단 실패하더라도 실패를 바탕으로 새롭게 뭔가를 할 수 있는 자금 여력이 있어야 된다. 대출, 담보에 전 재산을 털어 창업하는 것은 무리한 도전이다.

한국의 자영업자 비율은 24.6%로 OECD 평균인 15%보다 상당히 높은 수준이다. 정확한 통계자료를 구하기 어렵지만 언론 기사에서 찾아보면 새로 창업한 자영업자의 5년 내 유지 비율이 40%를 넘지 못한다고 한다. 10곳 중에서 6곳은 5년 이내에 문을 닫는다는 얘기다. 철저히 준비하고 창업하더라도 성공 확률이 높지 않다. 상황이 이러한데 준비도 하지 않고 무리해서 창업한다면 휘발유통을 들고 불구덩이로 뛰어드는 것과 마찬가지다. 살아남은 40%도 수익을 계속 낸다고 볼 수 없다. 버티는 것일 수 있다. 그만큼 장사라는 것이 어렵다. 따라서 조급하게 준비하지 말고 차분하게 준비하되 처음에는 실패하더라도 다시 일어설 수 있을 정도의 자본으로 시도하는 것이 좋다. 실제로 창업에 한 번 실패한 사람이 재창업하면 5년 이내에 실패할 확률이 처음 창업했을 때보다 절반 이상으로 낮아진다고 한다. 한 번의 실패가 큰 경험이 되어 재창업 때는 신중하게 더 많은 준비를 하게 되고 성공의 발판이 된다.

임원 출신은 자존심을 버리지 못하고 창업할 때도 소자본으로 하면 창피하다고 하면서 겉치레에 치중하는 사람이 있다. 현실을 직시하지 못하고 임원이라는 과거의 달콤했던 직책을 버리지 못하기 때문이다. 은퇴 이전의 직책은 은퇴 후에는 아무런 쓸모가 없다. 자신을 내려놔야 한다. 자신을 내려놓지 못하고 남에게 과시하고 보여주기 위한 창업은 실패할 확률이 100%다. 창업의 목적은 대표라는 명함을 만들어 보여주기 위함이 아니다. 창업을 하게 되면 직장에 있을 때보다 더 치열하게 싸워야 한다. 창업은 새로운 세상에 대한 도전이다.

2) 쉬지 않고 일하는 창업은 피하라

365일 쉬지 않고 해야 하는 일은 피해야 한다. 은퇴 이후에 창업하는 가장 큰 목적은 역시 안정적으로 돈을 벌기 위함이다. 하지만 돈을 버는 것이 목적이라 하더라도 삶에 휴식이 있어야 한다. 20~30년을 쉼 없이 달려왔는데 그것보다 더 세게 달리면 체력이 방전되어 주저앉게 된다.

따라서 창업하더라도 영업에만 올인하지 말고 적당한 선에서 건강을 챙겨야 한다. 노후에 쓸 여유 자금도 중요하지만 더 중요한 것이 건강이다. 건강하지 못하면 일을 하고 싶어도 할 수 없고 아무리 돈이 많아도 소용이 없다. 로봇도 아니고 365일 매일매일 가게를 열고 매일매일 똑같은 일을 반복한다면 삶이 피폐해진다. 친구도 만나고 가족과 여행도 다니는 쉼이 있는 삶이 중요하다. 너무 무리하게 달리면 과부가 걸린다. 오랫동안 일하려면 건강해야 한다.

창업하는 자영업자의 75%가 1인 자영업자다. 다시 말해 영세자영업자라는 말이다. 일단 시작부터 여유 있는 출발이 아니다. 무리하게 된다. 하지만 아무리 극한 상황에 내몰리더라도 철인처럼 일해야 하는 창업이라면 시작부터 다시 고민해야 한다. 몸이 축나면 아무것도 할 수 없다. 특히 1인 자영업자인데 몸이 망가지면 장사를 한들 무슨 의미가 있겠는가? 건강을 해쳐가면서 일을 한다면 삶의 질을 더욱 악화시키는 악순환만 계속될 뿐이다.

3) 가족의 지지를 반드시 확보하라

은퇴 이후 새로운 도전은 무조건 가족의 지지가 있어야 한다. 가족이 반대하는 일은 무리해서 한다면 결국에는 가정불화로 이어진다. 어떤 업종을 선택하든 어떤 일을 하든 적잖은 나이의 도전인 만큼 가족의 지원이 필수적이다. 그래야 실패하더라도 덜 아프고 극복할 수 있다. 가족의 지지 없이 창업을 하고 결과적으로 손실을 보고 실패한다면 모든 게 사라지고 재기할 수 있는 기반이 없어진다. 특히 초기 자본이 많이 들어가는 창업에는 가족의 지원이 절대적으로 필요하다.

가장 이상적인 창업은 초기 비용이 크게 들지 않고 자신의 취미 활동과 연계해서 지속적으로 이어갈 수 있는 일을 시작하는 것이다. 가족과 보낼 수 있는 시간도 많고 개인적으로 좋아하는 일을 생산적인 활동으로 연결할 수 있어 누구나 꿈꾸는 창업이다. 그렇지만 이러한 창업은 어느 정도 은퇴 준비가 되어 있는 경우에만 가능하다.

4) 잘 알고 있고 잘할 수 있는 일을 하라

은퇴 이후의 창업은 잘 알고 정말 좋아하는 일을 즐겁게 할 수 있어야 한다. 좋아한다고 해서 무조건 뛰어들면 안 된다. 본인이 그 분야에서 전문가라는 소리를 들어야 한다.

필자의 사무실은 홍대입구역 인근에 있다. 근처에는 정말 수많은 음식점이 있다. 요즘 서울에서 가장 뜨거운 곳이 바로 홍대상권이다. 그렇지만 이곳에서도 메인 거리가 아닌 골목상권은 상황이 상당히 좋지 않다. 매물로 나와 있는 가게도 많다. 연초에 사무실 근처에 일본 라멘집이 오픈해 면을 좋아하는 필자는 가끔 라멘 집을 찾곤 했다. 메인 거리가 아닌 골목상권이고 매장 규모도 크지 않았지만 오픈하자마자 손님들로 북적였다. 인테리어 비용도 꽤나 들인 것 같았다. 주방장도 일본에서 직접 데려왔다. 일본 전통의 맛이라고 대대적인 홍보도 했다. 신규 점포지만 젊은 학생들과 외국인들이 많이 찾아 나름 맛집으로 소문이 나는 듯했다. 하지만 3개월 정도 지나면서 가게 문을 닫아야 하는 심각한 상황이 발생했다. 일본에서 스카우트해 온 주방장이 갑자기 주인과 아무런 논의도 하지 않고 일방적으로 가게를 그만두고 일본으로 돌아가 버린 것이다. 자세한 사정은 모르지만 주방장이 자리를 비우자 라멘을 준비할 사람이 없어 장사를 못하게 된 것이다. 그냥 한국의 일반 라면집이라면 모를까 육수도 비법에 따라 내려야 하는 전문 일본 라멘집에서는 주방장의 역할이 절대적이다. 주방장을 대신할 보조 주방장도 없었다. 주인은 라멘 애호가였지만 본인이 직접 라멘을 요리할 수 있는 요리사가 아니었다. 주방장을 구하기 전까지 임시 휴업을 했지만 결국에는 대체 주방장을 제때 구하지 못해 폐업하고 말았다.

자신이 할 줄 모르는데 그저 좋아한다는 것만으로 창업해서는 절대 안 된다. 좋아하더라도 본인이 잘 할 수 있는 일을 해야 한다. 동업자 중에서 그 분야에 전문가가 있다면 배우면서 할 수 있다. 하지만 1인 창업과 같은 영세업자들에게는 누가 대신해줄 사람이 없다. 음식점을 하는데 가게를 오픈한 후 요리를 배워가면서 하겠다면 말이 되는가? 당장 처한 상황이 힘들다고 해서 막무가내로 덤벼들어서는 안 된다. 세상에 쉬운 일은 없다. 많은 준비와 노력이 필요하다.

5) 주인의식으로 철저히 무장하라

아무리 조그만 가게를 운영하더라도 사업이다. 본인 혼자서 하는 가게라 하더라도 주인의식을 가지고 일해야 한다. 그냥 쉴 때 쉬고 하고 싶을 때 일하는 식의 운영은 안 된다. 창업을 하게 되면 1인 사업자가 아니라면 월급을 받던 상황에서 월급을 주어야 하는 상황으로 처지가 바뀐다. 직원은 열심히 출근하는데 사장이 출근도 하지 않고 일을 다 직원에게 맡길 수는 없다. 직원을 고용할 때도 신중해야 한다. 요즘은 가게에서 쓸 만한 알바생을 구하기도 힘들고, 관리하기는 더 어렵다. 열심히 일하다가 어느 날 갑자기 연락도 없이 출근하지 않는 경우도 다반사다. 그동안 일한 데 따른 월급을 송금해 달라는 카톡이나 문자 정도를 보내는 것이 전부다. 당연히 전화는 받지 않는다. 그리고 자영업의 경우는 서비스업이기 때문에 정말로 다양한 손님을 만나게 된다. 무례한 손님을 만났을 때도 마찰을 최소화할 수 있도록 서비스 정신으로 무장해야 한다.

직장에서는 상사와 의견 충돌이 있어도 나중에 소주 한잔 마시며 풀 수 있다. 하지만 창업은 다르다. 창업을 하게 되면 중요한 모든 선택은 본인이 해야 하고 책임도 본인이 져야 한다. 모든 것을 혼자 헤쳐 나가야 한다. 그래야 생존할 수 있다. 생존만 해서는 안 되고 성공도 해야 하기 때문에 철저한 주인의식을 가져야 한다. 세상살이에는 쉬운 게 없다.

PART 2 은퇴 준비 이야기

7 은퇴 전 연봉 황금기에 높여 놓은 소비 패턴의 함정

　은퇴하면 가장 힘든 것이 새로운 직장을 구하는 일이다. 자신이 20~30년 근무해서 쌓은 경험을 가지고 어디든 쉽게 재재취업할 수 있다고 생각할 수 있다. 하지만 현실은 생각처럼 자신의 경험을 중요하게 생각하지 않는다. 그저 나이 많은 은퇴자 중의 한 사람으로 생각할 뿐이다. 여기저기 이력서를 내밀어 보지만 반응이 미지근하다. 관심을 보이는 곳이 있더라도 월급이 기대 이하라 망설여진다. 1억 원이 넘는 연봉을 넘게 받던 임원이나 대기업 부장 출신이라면 최소한 월 500만 원 이상은 받아야 한다고 착각한다. 은퇴 직후에는 인지 능력이 현저히 떨어진다. 본인이 이전에 받았던 연봉이 얼마나 대단한 금액인지 모른다. 그저 남들도 비슷하게 받았을 것이라고 생각한다. 하지만 연봉 1억 원 이상을 받는 근로자는 전체 근로자 중에서 6%도 되지 않는다. 연봉 7천만 원은 전체 근로자 중에서 상위 10%에 해당하며, 6천만 원이면 상위 20%에 해당한다. 중위소득자의 평균연봉은 4천만 원 수준이다. 연봉이 가장 높다고 하는 황금기의 50대의 평균 연봉도 5천만 원 수준이다.

많은 고소득자는 자신이 최상위층에 속했다는 사실을 인지하지 못하고 자신을 그저 중산층이라고 생각한다. 이는 고소득자가 은퇴 이후 적응하기가 더 어려운 이유다.

우리나라는 평균과잉사회다. 대기업에 다니는 사람은 20% 미만이고, 중소기업에 다니는 사람이 80% 이상이다. 중소기업과 대기업의 연봉 차이는 크지만 일반적으로 사람들의 인식이나 기준은 대기업에 맞추어져 있다. 그래서 중소기업에 다니다 퇴직하는 사람들보다 대기업에 다니다 퇴직하는 사람들이 은퇴 후에 더 큰 어려움을 겪는다. 대기업에 다니다 은퇴한 사람들은 자신이 최상위층에 속해 있었다는 사실 자체를 부정한다. 남들도 자신과 비슷하게 받으며 살고 있다고 단순하게 생각한다. 그렇다 보니 대기업 출신은 은퇴 이후 재취업 시 줄어든 월급을 쉽게 인정하지 못한다.

눈높이를 대기업에서 받았던 연봉의 절반 수준으로 낮추기도 어려운데 재취업하려면 여기에서 눈높이를 더 낮추어야 하니 환장할 노릇이다. 처음에는 무슨 일을 해도 300~400만 원은 쉽게 벌 수 있다고 생각한다. 하지만 시간이 지나면서 재취업이 쉽지 않고 나이 들어 돈을 번다는 것이 얼마나 어려운지 실감하게 된다. 200~300만 원이라도 불러주는 곳이 있으면 한걸음에 달려간다.

하지만 문제는 재취업을 한 다음에 발생한다. 재취업 시의 월급은 은퇴 전보다 적게는 50%에서 많게는 70~80%가 줄어든다. 하지만 줄어들지 않는 게 있다. 바로 씀씀이다. 사람에게는 소비 패턴이라는 게 있다. 평소에 고정적으로 지출하던 비용을 갑자기 줄이기는 어렵다. 벌이는 200~300만 원인데 생활비는 500만 원 이상에 맞추어져 있다. 특히 퇴직 이전 50대는 회사에서 황금기를 보내면서 금전적인 여유가 가장 많을 때다. 소비가 정점인 시기다. 물론 처음에는 버틸 수 있다. 그동안 모아 놓은 현금 등을 보태면서 아무런 문제가 없는 것처럼 생활한다. 통장의 잔고가 계속 줄어들고 있지만 제대로 인지하지 못한다. 그냥 버는 만큼 소비하는 정도로만 생각한다. 어느 순간 정신을 차리고 위기감을 느껴 생활비를 줄이려 하지만 쉽지 않다.

따라서 은퇴 이전에 특히나 직장에서 연봉이 가장 높은 황금기에 생활 수준을 과도하게 올려놓으면 절대 안 된다. 본인이 언제 은퇴할 것인지 정확히는 알 수 없지만 50대가 되면 소비 패턴을 서서히 줄여 나가는 연습을 해야 한다. 본인에게 적정한 수준의 생활비가 어느 정도인지 파악해 보고 불필요한 지출을 최대한 줄여야 한다. 물론 50대 들어서 갑작스럽게 생활비를 200~300만 원 수준으로 낮추어 생활하라는 것이 아니다. 생활 수준이 낮아지더라도 버틸 수 있도록 사전에 천천히 줄이라는 얘기다. 헤비급 선수가 갑작스럽게 페더급이나 라이트급 수준으로 체중을 줄인다고 상상해 보자. 한두 체급 줄이기도 힘든데 갑자기 4~5체급을 줄이면 몸에 이상이 생길 것이다. 생활비도 마찬가지다. 500만 원 소비하던 생활비를 200~300만 원 수준으로 한 번에 줄이는 것은 먹지 말고 굶으라는 말과 같다. 400만 원대로 줄여보고 적응되면 다시 300만 원대로 더 줄여보자는 것이다.

은퇴 전과 은퇴 후의 삶은 완전히 다른 삶이다. 그러한 변화에 적응하려면 많은 것을 내려놓는 마음의 준비가 필요하다. 자신을 내려놓을 수 있는 연습을 많이 해야 한다. 그래야 은퇴 이후의 생활에 적응할 수 있다. 대기업 임원으로 2억 원이 넘는 연봉을 받았던 사람이라면 당연히 평생 동안 먹고살 만한 돈을 모아 퇴임 후에는 돈 걱정 없이 살 것이라고 생각한다. 하지만 실상은 그렇지 않다. 매달 1,500만 원의 월급을 받으면 그만큼 소비가 늘어나는 것이지 저축이 늘어나는 것은 아니다. 소비 패턴의 눈높이가 계속 높아져도 다음 달에 또 많은 돈이 월급으로 들어오기 때문에 크게 걱정하지 않는다. 외식을 하더라도 항상 최고급 레스토랑을 찾고, 고기를 먹더라도 한우 전문점에서 최상급 고기만을 먹는다. 가방을 사더라도 명품 가방만을 산다. 여행을 하더라도 최고급 호텔에서 최고급 와인으로 럭셔리한 분위기를 즐긴다. 남들에게 보여주고 과시하기 위한 행동들이다. 이런 생활이 반복되다 막상 퇴직하면 높아진 눈높이는 낮추어지지 않는다. 상당한 고통이 따른다. 믿을 수 없는 얘기지만 퇴직한 후에 씀씀이를 줄이지 못해 오히려 금전적으로 어려워지는 경우가 생긴다. 습관이라는 것이 참 무섭다.

PART 2 은퇴 준비 이야기

8 직장에 올인하며 굳어진 인간관계의 한계

우리는 직장 생활을 하면서 수많은 사람을 만난다. 대부분 일과 관련해서 만나는 사람들이다. 사람들은 직장 생활을 하면서 만난 많은 사람과의 관계가 은퇴 이후에도 지속될 것으로 생각한다. 이는 큰 착각이다. 자존감이 강한 사람들은 퇴직 이후에 직장 동료나 거래처 사람들과 연락이 소원해지거나 끊기는 것을 이해하지 못하고 자책하는 경우가 많다. 은퇴 직후에는 전화도 잘 받던 사람이 시간이 지나면서 밥을 먹자고 하거나 술 한잔 하자고 해도 바쁘다고 피하거나 다음에 만나자고 미루는 경우가 많아진다. 심지어 먼저 전화를 걸어와 만나자고 하는 사람이 급격히 줄어든다. 그때, '내가 인생을 잘 못 살았나? 내가 뭐 잘못한 것이 있었나? 나에게 불만이 있었나? 평소에 내가 그렇게 잘해 주었는데 은퇴하니 나를 배신해?' 수많은 생각이 뇌리를 스치며 지나간다. 하지만 그것은 누구에게나 공통적으로 일어나는 자연스러운 현상이다. 힘들겠지만 그냥 자연스럽게 받아들여야 한다.

직장의 영역이 아닌 인생의 영역에 포함된 관계를 많이 만들어라

　직장 동료들과의 관계는 은퇴 전과 똑같을 수는 없다. 거래처 사람들과의 관계도 마찬가지다. 은퇴 전에는 정말 형님 동생처럼 지냈던 사람들이 은퇴 후에는 이런저런 핑계로 만남을 피하는 것은 일반적인 일이다. 일로 만나 형성된 관계는 일이 없어지면 그만큼 소원해지는 것은 당연하다. 만나봐야 업무적으로 도움이 되지 않는다고 생각한다. 이 상황에서 은퇴 후에 사람들이 나를 배신한 것이라고 심각하게 받아들이면 안 된다. 각자에게는 주어진 삶의 영역이라는 것이 있다. 직장 내에서의 영역과 직장 이외의 영역인 인생 영역이 엄연히 존재한다. 그것은 배신이 아니라 은퇴하는 순간 직장의 영역에서 벗어났기 때문이다. 인생의 영역에 포함되는 사람은 평생을 같이 할 사람이다. 직장이나 거래처에서 만나 서로 돈독한 관계였다고 해서 모두가 인생의 영역에 자신을 포함해줄 리는 만무하다.

　나이가 들수록 만나는 사람은 줄어든다. 친구도 자주 만나는 친구가 있고 가끔 연락해서 만나는 친구가 있다. 취미가 같거나 자신과 자산 수준이 비슷한 친구를 더 자주 찾게 된다. 그래야 부담이 없기 때문이다. 아무리 친하다 하더라도 취미가 다르면 자주 만날 수 없다. 또한 자산 수준에서 너무 차이가 나면 사이가 자연스럽게 멀어진다. 돈 많은 친구가 자주 골프를 치자고 한다. 본인은 골프를 자주 칠 만한 여력이 안 되는데 자주 치자고 하면 부담이 된다. 고급 술집에서 술 한잔 하는 것도 부담된다. 매번 친구보고 계산하라고 하면서 얻어먹을 수는 없다. 그러다 보면 노포 술집이어도 자연스럽게 부담 없이 소주 한잔 할 수 있고 취미가 비슷한 편안한 친구를 자주 만나게 된다.

우리는 살아가면서 정말 많은 사람과의 인연을 쌓아간다. 옷깃만 스쳐도 인연이라는 말도 있다. 그만큼 사람과의 관계는 중요하다. 하지만 이 모든 사람이 평생 동안 나와 인연을 유지하며 살 수는 없다. 그러기에 40~50대부터는 일과 관련한 부분을 떠나 인간적인 만남에 더 집중해야 한다. 일을 통해 만나는 사람을 멀리하라는 것이 아니다. 일을 통해 만나더라도 취미 활동 등 공통분모를 공유하면서 만나면 관계는 더 친밀해지고 오래 유지될 수 있다는 것이다. 일로 만나더라도 서로 공유할 것이 많고 말이 통하는 사람에게 더 많은 공을 들이라는 것이다.

다양한 분야의 사람을 만나 인생의 영역에 포함하라

다양한 분야의 사람을 만나고 인간적인 관계를 돈독히 유지하라. 다시 말해 인생의 영역에 포함될 수 있는 관계를 많이 만들어야 한다. 인생의 영역에 포함된 사람이 많다는 것은 그만큼 멋진 인생을 살았다는 증거다. 만약에 인생의 영역에 포함된 사람이 많으면 은퇴 이후에도 큰 도움이 된다. 창업에 대한 아이디어를 얻을 수 있고, 재취업의 기회가 생길 수도 있다. 그리고 같은 취미 활동 등을 통해 은퇴 이후 즐겁게 보낼 수 있다.

인간은 사회적 동물이다. 인간은 끊임없이 다른 사람과 상호작용을 하면서 관계를 유지하고 함께 어울리며 자신의 존재를 확인한다. 은퇴 후에는 은퇴 전에 비해 사람과의 상호작용 기회가 줄어든다. 그렇기 때문에 40~50대에 충분한 상호작용을 통해 관계를 탄탄하게 구축해 놓아야 한다. 그저 반복적으로 같이 술을 자주 마신다고 해서 상대방과 인간적으로 친해지는 것은 아니다. 단순한 술친구는 퇴직하고 나면 얼마 지나지 않아 주변에서 모두 사라진다. 평생 동안 함께할 사람이라면 단순한 술친구가 아닌 평생지기로 생각하고 진심을 다해 공을 들여야 한다.

소중한 친구에게는 자주 연락하라

자신에게 먼저 전화하지 않는 친구는 사귀지 말라는 말이 있다. 솔직히 이 말은 논리적으로 이해하기 어려운 얘기다. 자신도 전화하지 않으면서 전화를 먼저 하지 않으면 만나지 말라는 것은 무슨 경우인가? 자신이 뭐 대단한 사람이라고 자신에게 전화하는 친구만 만나라는 것인가? 이 말은 만나고 싶은 친구가 있다면 망설이지 말고 바로 전화하라는 말로 바꾸고 싶다. 직장 생활을 하다 보면 바쁘다는 핑계로 친구에게 연락도 자주 못할 수 있다. 특히나 지방에 있어 만나고 싶어도 만나지 못하는 친구가 있다. 그런 친구에게 먼저 연락해서 안부를 전하라. 친구도 무척 반가워할 것이다. 어려워하지 말고 지금 당장 보고 싶은 친구가 있다면 전화해서 안부를 물어보자. 그러면 친구도 미안해하고 전화만으로도 관계가 다시 돈독해질 수 있다. 은퇴하면 멀리 떨어져 있어도 만날 수 있는 시간이 충분하기 때문에 자주 만날 수 있다. 아쉬울 때만 전화하는 친구도 있다. 특히 부모님이 돌아가시거나 자녀가 결혼을 앞두고 있을 때만 전화가 온다. 나름 안타깝고 축하하는 마음에 성의를 표시하지만 고맙다는 인사도 없고 이후로 다시 연락도 없다. 그런 친구는 빨리 손절하거나 일정한 거리를 두는 것이 속 편하다. 냉정한 이야기일지는 몰라도 모든 친구와 평생을 함께할 수는 없다.

PART 2 은퇴 준비 이야기

9 단절되고 있지만 느끼지 못하는 가족관계

가족의 품은 항상 따뜻할까?

30년 넘게 가족을 부양하기 위해 애썼다며 스스로 위로하며 30여 년 만에 가족의 품으로 돌아온 당신. 가족이 고생한 가장을 반기며 "여보, 이제는 맘 편하게 푹 쉬세요. 집에서 매일 당신이 좋아하는 맛있는 요리를 해 줄게요. 이제 우리 같이 여행도 자주 다니고 행복하게 살아요.", "아버님, 그동안 너무 고생하셨어요. 이제 제가 가장으로서 아버님의 노후를 책임지겠습니다."라는 말을 기대할 것이다. 하지만 현실은 어떨까? 가족은 가정의 품으로 돌아온 당신이 부담스럽기만 하다. 아내는 그동안 자신이 구축해 놓은 일상 속으로 남편이 들어오는 것이 달갑지 않다. 자녀와는 대화 자체가 힘들고 소통이 되지 않는다.

베이비부머세대의 가장들은 회사에 올인하는 경우가 많았다. 가족을 위하는 최고의 방법은 열심히 일해서 돈을 많이 벌어 풍족한 삶을 살게 하는 것이었다. 부모도 부양해야 하고 가족도 챙겨야 하는 이중고를 견뎌내야 했다. 당연히 가정보다는 회사일이 우선이었다. 자녀가 사춘기를 겪고 힘들어할 때도 아버지는 아무런 역할을 하지 못한다. 집안일보다 회사일이 더 걱정되었다. 아버지는 그런 행동이 잘못된 것인지 알지 못한다. 자녀의 고민에 귀 기울이지 않는다. 대화를 해도 본인 관점에서만 얘기하고 아이들 처지에서 이해하려 하지 않는다. 당연히 아버지와 자녀 간의 대화는 단절되거나 줄어든다. 자식과의 유대관계는 점점 더 약해진다. 아내와의 관계도 마찬가지다. 모든 것을 이해해 주길 바란다. 부부싸움을 할 때 힘든 회사 생활을 이해해 주지 못한다며 역정을 더 낸다. 그렇다 보니 같은 공간에 살면서도 서로에게는 투명인간이 되어 간다. 가장은 그저 가족을 부양하기 위해 발바닥에 물집이 생길 정도로 열심히 뛰어다니며 자신을 맹목적으로 이해해 주길 바란다. 그리고 가족은 말을 하지 않아도 눈빛만 봐도 서로를 이해해 줄 수 있는 사람이라고 생각한다. 물론 이러한 가장의 노력을 모두 잘못된 행동으로 치부해서는 안 된다. 하지만 가장으로서 가족을 위한다면 열심히 돈을 버는 것만이 중요한 게 아니라고 말하고 싶다. 지금이라도 늦지 않았으니 진정으로 가족을 위하는 것이 무엇인지 깨닫기 바란다.

은퇴 이후에 부부관계가 나빠지는 경우가 더 많아

은퇴자를 대상으로 은퇴 이후에 아내와의 관계 개선에 대한 설문조사를 했는데 '관심 없다' 33%, '나빠졌다' 30%, '똑같다' 29%, '좋아졌다' 8%의 순으로 나왔다. 이는 충격적인 결과다. '관심 없다'를 이전에도 좋지 않았고 지금도 좋지 않다는 의미로 해석한다면 63%가 '나빠졌다'고 답한 것으로 봐도 무방하다. '좋아졌다'가 8%에 그쳤다는 점은 상징적으로 의미하는 바가 매우 크다. 은퇴 후에 가장 가까워져야 할 아내와의 사이가 오히려 더 나빠졌다는 것은 무엇을 의미할까? 은퇴 이후에 황혼이혼이 늘어나는 것도 이러한 결과를 반영한 것으로 해석된다.

아내의 처지에서 은퇴한 남편은 자신이 구축해 놓은 영역에 침입한 침입자 같은 존재다. 아내는 남편이 출근하면 집안일을 하고 나머지 시간을 자신만의 공간에서 자신만의 방식대로 생활한다. 그 공간에 남편이라는 사람이 은퇴와 동시에 갑자기 밀고 들어와 본인의 생활 루틴을 깨 버린다. 처음에는 그동안 고생한 남편이 안쓰러워 삼시 세끼 밥도 챙겨주고 같이 시간을 보내지만 같이 있는 시간이 많아질수록 부딪치는 일이 자주 발생한다. 부부싸움이 늘어나고 서로의 존재가 스트레스가 되어 간다. 물론 모든 부부가 이렇지는 않다. 서로의 존재를 무척 소중히 여기고 어디를 다녀도 두 손을 꼭 잡고 다니는 잉꼬부부도 있다. 하지만 이런 부부는 분명 은퇴 전에도 이미 서로를 잘 이해해주는 사이였다. 갑자기 잉꼬부부가 된 것이 아니다. 은퇴 전에는 서로 대화를 전혀 하지 않다가 은퇴 이후에 갑자기 서로 말이 잘 통하는 잉꼬부부가 된다는 것은 사실상 불가능하다.

가족관계는 은퇴하면 자연스럽게 개선되고 좋아지는 것이 아니다. 평소에 가족에 대한 관심을 많이 기울여 가족 간의 정이 돈독히 쌓여야 가족관계가 잘 유지될 수 있다. 그렇지 않으면 당신의 노후는 아무리 많은 은퇴 자금을 마련했다고 하더라도 불행해진다. 아내와의 갈등, 자녀와의 갈등은 서로에게 심적으로 큰 상처가 될 수 있다. 갈등으로 인한 상처가 클수록 노후의 삶은 비참해진다는 점을 명심하자.

가족 구성원이 나와 다른 존재임을 인정하고 대화해야 한다

가족과 대화할 때 가장 큰 난관은 모든 것을 자기 기준으로 생각하면서 생기는 괴리감이다. 가족 구성원이 모두 서로 다른 생각을 하면서 행동하는 존재인데 이를 인정하지 않는다. 자신의 기준에 맞지 않으면 억지로 설득하려 하면서 서로 강하게 부딪친다. 직장 생활을 오래한 사람일수록 이러한 경향은 더 강하다. 직장에서 상사로서 부하 직원에게 지시하던 행동 그대로 가족과 대화하면 안 된다. 자기 처지만 얘기하고 받아들여지지 않으면 왜 내 처지를 이해해 주지 못하느냐고 아쉬움을 토로한다. 특히 자녀와 대화할 때 부모의 처지에서 자녀를 너무 가르치려고만 들면 틀어진 감정의 골은 더 깊어진다. 성인이 된 자녀를 어린애 취급하면서 말한다면 대화는 시작부터 틀어진다. 부모는 자녀가 어른이 되어도 어린애 같이 느껴질 수 있지만 자녀 처지는 그렇지 않다. 이런 것이 쌓이고 쌓이다 보면 부모와 자녀 간의 관계는 더욱 벌어진다. 나와 다른 생각을 하고 있음을 먼저 인정하고 자녀의 얘기를 경청한다면 그래도 대화를 쉽게 풀어나갈 수 있다. 이런 습관이 일상화되어야 한다. "다가설 때 물러서지 말고 물러날 때 다가서지 말라"라는 말이 있다. 다가설 때는 내가 필요한 것이고, 물러설 때는 좀 더 고민해 보겠는 것이다. 다가설 때 밀어내지 말고 경청하고, 물러설 때는 억지로 다가서기보다는 다시 다가설 때까지 가까이서 지켜봐 주면 된다. 부부관계도 자녀와의 관계도 정말 쉽지 않지만 제일 중요한 것이니 절대로 손을 놓으면 안 된다.

가족 간에 소통을 하지 않으면 고통이 생긴다

요즘은 외벌이가 아닌 맞벌이 부부가 대부분이다. 맞벌이 부부는 회사와 가사를 서로 분담하며 회사와 가정에 모두 신경을 쓴다. 하지만 베이비부머세대 중에는 외벌이가 많았다. 남편은 돈을 벌고 아내는 가사를 하며 자녀의 교육을 책임졌다. 확실한 책임 분담이다. 외벌이로 집을 사고, 자녀를 교육하며, 노후 자금도 준비하는 것이 쉽지 않다. 그렇기 때문에 일에만 더 집중했다. 그렇다 보니 자신도 모르게 가족과 멀어지게 된다. 멀어지고 있다는 것을 느끼지도 못한다. 은퇴 후에 비소로 가족과 멀어져 있다는 사실을 알게 되지만 바로 가까이 다가가기 어렵다. 가족을 위해 열심히 일해서 돈을 많이 버는 것도 중요하지만 소통하면서 함께해야 하는 가족의 소중함을 잊고 살면 안 된다. 평소에 대화도 자주 나누고 소통하려고 노력해야 한다. 그래야 아내와 자녀는 가장의 고단한 삶을 이해해 주고, 가장은 아내와 자녀의 고민을 이해할 수 있다. 가족이라는 울타리가 허물어지지 않고 더 단단하게 유지되어야 은퇴 후가 편안해진다.

창피하지만 베이비부머세대인 필자도 회사일에 올인하면서 살아왔다. 가족과의 관계가 좋았다고 할 수 없다. 점수를 매긴다면 50점 이하일 듯싶다. 나름대로는 열심히 한다고는 했지만 아내에게 가슴 아픈 상처도 많이 주고 자녀에게도 그랬다. 은퇴 후에 모자란 점수를 채우려 열심히 노력하고 있다. 익숙하지 않은 게 많지만 노력하고 있다. 아직 은퇴 전인 40~50대라면 더 늦기 전에 회사를 위해 애쓰는 만큼 가족을 위해서도 노력을 많이 하길 바란다. 가족관계 개선은 가장 쉬울 것 같지만 가장 어려운 숙제다. 어렵다고 해서 숙제를 계속 미루고 나중에 몰아서 하려면 감당할 수 없을 정도로 힘들어진다. 그래서 포기해 버린다. 포기하는 순간 삶의 균형이 깨진다. 가족과의 소통은 은퇴 전에 해야 할 가장 중요한 부분이다. 소통을 하지 않으면 은퇴 후에는 고통으로 되돌아 온다. 은퇴하고 난 뒤 생긴 공허함을 가족이 일부 메워 준다면 새로운 출발을 하는데 큰 힘이 된다. 하지만 가족의 지지가 없다면 은퇴 후의 삶은 2배, 3배 힘들어진다.

　필자는 책 발간을 준비하면서 필요한 참고 자료를 찾기 위해 도서관을 찾곤 했다. 하루는 도서관에서 자료를 수집하고 노트북으로 자료를 정리하기 위해 빈자리를 찾아 앉았다. 노트북을 펼치는데 책상 위에 조그만 글씨로 써 놓은 글귀가 눈에 들어왔다. 책상에 선명하게 쓰여 있던 글귀는 '죽고 싶다'였다. 가슴이 너무나 아팠다. 한참 동안 그 글귀를 바라보면서 많은 생각이 스치듯 지나갔다. 누가 이런 글을 써 놓았는지는 모른다. 그 사람이 은퇴한 사람일 수도 있고, 취업하지 못한 취업 준비생일 수도 있다. 재수, 삼수를 하며 대입을 준비하는 학생일 수도 있다. 은퇴와 관련한 책을 쓰다 보니 '그 글귀를 쓴 사람이 은퇴한 사람이라면 무슨 사연 때문에 이런 생각을 했을까?' 하는 생각을 해본다. 아마도 금전적인 문제와 가족관계에서 생긴 문제가 마음에 가장 큰 영향을 미쳤을 것이다. 가족관계가 중요하다는 것을 강조하기 위해 상황을 너무 비약해서 상상한 것일 수도 있다. 다른 복잡한 문제일 수도 있지만 그만큼 은퇴 이후에 가족과의 관계 개선이 중요하다는 점을 다시 한번 강조하고 싶다. 아무튼 그 글귀를 쓴 사람이 누구이든 간에 죽고 싶을 만큼 힘들었던 문제를 잘 극복해 냈기를 바랄 뿐이다.

PART 3

은퇴 이후 이야기

지금까지 1장에서는 자산관리와 관련한 이야기를, 2장에서는 은퇴 준비와 관련한 이야기를 풀어 보았다. 3장에서는 은퇴 이후의 이야기를 중심으로 풀어보려 한다. 100세 시대를 살아야 하는데 오래 사는 것보다 중요한 것은 어떻게 사느냐 하는 것이다. 3장에서는 은퇴 이후에 노후 자금을 관리하는 원칙과 함께 즐거운 인생 2막을 만들기 위해 필요한 내용을 정리해 보았다. 2장의 은퇴 준비 이야기의 연장선상에 논의되는 이야기들이라 중복되는 내용도 있다. 똑같은 이야기를 반복한다고 생각하지 말고 그만큼 중요한 내용이니 반복하는 것이라고 이해해 주었으면 좋겠다. 단 3장은 은퇴 준비가 어느 정도 되어 있다는 가정하에 은퇴 이후 이야기를 풀어나가는 것이니 오해 없기를 바란다.

PART 3 은퇴 이후 이야기

1 은퇴 이후 지켜야 할 자산관리 원칙

은퇴 이전의 자산관리와 은퇴 이후의 자산관리는 큰 차이를 두어야 한다. 기본적인 전제가 은퇴 이전의 자산관리는 자산을 늘리기 위한 전략이지만 은퇴 이후의 자산관리는 리스크를 최소화해 자산을 손실 없이 유지하는 데 목적을 두어야 한다. 출발점 자체가 다르다. 그럼 지금부터 은퇴 이후의 자산관리 원칙을 살펴보도록 하겠다.

1) 자신에게 맞는 재무관리 계획을 우선적으로 세워라

은퇴 이후의 삶이 지출 위주의 삶인지 수입 위주의 삶인지는 매우 중요한 기준이다. 은퇴 자금이 어느 정도 확보되어 있는 지출 위주의 삶이라고 한다면 자산을 지키는 데 중점을 두어야 한다. 금융자산을 지키면서 노후 자금을 자신의 현재 상황에 맞추어 어떻게 사용할 것인가에 대한 재무관리가 필요하다. 국민연금과 개인연금, 퇴직연금(IRP) 등이 수입의 기본이 되고, 연금 이외에 예금 등 현금을 어떻게 활용할 것인가에 대한 계획을 세워야 한다. 또한 지출 측면에서도 자신의 삶의 질을 유지하는 데 필요한 최적의 방법 등을 고민해 봐야 한다. 결국 안정적인 연금 계획과 보유 현금에 대한 안정적인 투자전략, 안정적인 지출 계획이라는 삼박자가 조화를 이루어야 한다. 이 세 가지 조건에 맞추어 세부적인 전략을 미리 준비해야 노후가 편안해질 수 있다. 2장에서 언급되었듯이 부부의 노후 월평균 생활자금은 서울 기준으로 330만 원, 수도권은 280만 원, 지방 260만 원으로 조사된 만큼 각자 상황에 맞게 보태거나 빼면서 기본적인 계획을 세우면 된다.

국민연금은 일반적으로 65세(1969년생 이후)부터 수령할 수 있으므로 은퇴 시기에 따라 큰 공백이 생길 수 있다. 소위 소득절벽기간이 발생한다. 평균 퇴직 연령 49.3세를 기준으로 한다면 국민연금을 수령할 때까지 무려 15~16년을 버텨야 한다. 국민연금은 5년 먼저 수령할 수도 있지만 그렇게 되면 수령액이 매년 6%씩 총 30%가 감소하기 때문에 신중해야 한다. 물론 재취업에 성공한다면 상황은 달라지겠지만 그렇지 않다면 소득절벽기간에 버틸 수 있는 자금이 필요하다. 연금 3층탑을 잘 쌓아 놓았다면 개인연금과 퇴직연금으로 소득절벽기간을 잘 극복할 수 있다. 개인연금과 퇴직연금은 55세부터 수령할 수 있다. 최근에는 국민연금을 조기 수령하는 사례가 크게 늘어나고 있다. 노후 준비가 제대로 되어 있지 않은 상태에서 소득절벽기간을 메우기 어려워 나타나고 있는 현상이다. 노후 준비는 일찍부터 준비할수록 좋다. 노후 준비는 은퇴를 하고 나서 준비하는 것이 아닌데도 아직은 사람들의 인식이 너무 부족하다. 미래에 대한 준비보다는 현실에 안주하며 사는 데 만족하는 분위기다. 노후 자금 준비를 위한 연금 3층 탑만 20대부터 잘 쌓아 놓아도 은퇴 이후에 큰 도움이 된다. 여유가 있을 때 준비하지 않으면 기회는 없어진다. 물론 과도한 사교육비 등으로 허리가 휠 정도여서 노후 준비는 엄두도 내지 못한다고 엄살을 피울 수 있다. 하지만 엄살은 엄살에 그쳐야 한다. 힘들더라도 줄일 수 있는 비용을 아껴가면서 미래를 대비해야 한다.

지출 위주의 삶

지출 위주의 삶을 산다는 것은 그만큼 은퇴 준비를 잘했다는 방증이다. 국민연금과 개인연금, 퇴직연금(IRP)이라는 3층 탑도 잘 쌓았을 것이고, 연금 이외의 노후 자금도 어느 정도 준비되어 있다는 얘기다. 이런 삶은 재취업을 하더라도 생계를 위한 재취업이 아니라 취미 활동의 연장선상이라 즐겁게 일할 수 있다. 일을 통해 얼마를 버느냐가 중요한 게 아니기 때문에 즐겁게 일할 수 있다. 정신적으로도 삶이 풍요로워진다. 가족은 물론 주변 사람과의 관계도 잘 유지된다. 이러한 삶을 산다면 육체와 정신이 모두 건강해져서 더 오래 살 수 있다.

지출 위주의 삶에서는 노후 자금을 얼마만큼 잘 지키느냐가 가장 중요하다. 자금에 여유가 있다고 해서 리스크가 큰 투자를 통해 크게 늘려보려는 욕심을 부려서는 절대 안 된다. 노후 자금은 리스크가 거의 없는 금융상품 등을 운용하면서 보수적으로 관리하는 것이 기본이다.

수입 위주의 삶

은퇴 이후의 삶이 수입 위주의 삶이라고 한다면 많은 고민이 뒤따른다. 노후 준비가 부족하다는 의미이고 재취업을 하더라도 노후생활비를 위한 생계형 일자리여서 몸도 마음도 힘들고 지칠 수 있다. 은퇴자를 대상으로 한 설문조사에서 은퇴 이후 가장 후회되는 것 중의 하나가 개인연금을 많이 넣어두지 못했다는 점이었다. 은퇴 이후에는 후회해도 아무 소용이 없다. 이미 지나가 버렸고 되돌릴 수 없다. 노후 준비는 안 되어 있는데 재취업도 어렵다. 일자리를 찾더라도 만족스러운 수준의 급여를 기대하기는 더 어렵다. 많은 것을 내려놔야 한다. 따라서 수입 위주의 삶이라면 불필요한 지출은 최대한으로 줄여야 한다. 사람과의 만남도 줄여야 한다. 경조사도 매우 필요한 경우에만 최소한으로 성의만 표하면 된다. 알량한 체면이나 자존심 따위는 던져 버려야 한다. 경조사비를 적게 냈다고 해서 뭐라고 할 사람이라면 차라리 인연을 끊고 사는 게 편하다. 수입 위주의 삶을 살게 되면 자연스럽게 사람과의 관계가 많이 단절된다. 하지만 감수해야 한다. 먹고 사는 것이 우선이니 스스로 인정하고 받아들여라.

그래도 몸이라도 건강하면 힘들어도 견딜 수 있다. 몸이 아프면 큰일이다. 아파도 비싼 병원비를 감당하기 어려워 병원을 가는 것도 꺼리게 된다. 육체적으로 정신적으로 모두 위축되고 결국 고달픈 삶이 지속된다. 그래서 가장 기본적인 최저생계비를 마련하기 위해서라도 미리 연금계획을 통해 노후를 준비하는 것이 절대적으로 필요하다. 20~30년 동안 국민연금, 개인연금, 퇴직연금(IRP)을 꾸준하게 납입하면 현금성 자산이 많지 않더라도 200만 원 이상의 연금 포트폴리오는 충분히 할 수 있다.

2) 노후 자산 운용에 대한 기대수익률은 최대한 낮추어라

자산관리도 연령대별로 투자 원칙을 달리 할 수 있다. 30대에는 재산의 기본을 다지는 시기로 투자 성향이 공격적일 수 있다. 40~50대는 재산을 늘리며 중립적인 성향으로 자산을 관리하는 시기다. 특히 이때는 직장에서 연봉이 가장 높은 시기인 만큼 자가주택 마련이 활발하다. 한편 자녀의 교육비 등으로 지출도 가장 많은 때다. 이 시기는 과도기이기에 재산이 늘어날 수도 있고, 필요 이상의 지출로 재산이 줄거나 정체될 수도 있다. 신중한 판단이 필요한 시기다. 60대가 되면 재산을 안정적으로 관리하고 효율적으로 쓰는 데 중점을 두기 시작한다. 30대에는 기대수익률을 높여 운영할 수 있는 시기이지만 40대 이후부터는 안정성에 우선을 둔 투자를 해야 한다.

특히 은퇴한 60대에게는 연금 이외에 현금성 자산을 어떻게 관리하느냐가 매우 중요하다. 현금성 자산을 운용할 때 제1의 원칙은 무조건 기대수익률을 최대로 낮추어 보수적으로 운용하는 것이다. 노후 자금이 투자 손실로 이어진다면 그만큼 삶의 질이 떨어진다. 기준금리보다 높은 수익률을 제시하는 금융상품 중에서 원금이 100% 보장되는 상품은 없다. 은행예금 금리를 크게 웃도는 상품들은 제시된 금리가 높을수록 리스크가 커진다는 점을 인지해야 한다. 욕심을 부리다 보면 결국 대박은 없고 쪽박만 있을 뿐이다.

금리가 낮다 보니 주변의 달콤한 말에 현혹되기 쉽다. 노후 자금이 넉넉하지 않을수록 이러한 유혹에 빠져들기 쉽다. 안전하면서 높은 수익을 보장한다는 말에 덜컥 투자했다가 자금이 묶여버리거나 큰 손실을 보는 사태가 발생할 수도 있다. 노후 자금을 투자할 때는 매우 신중해야 한다. 주변에는 노후 자금에 눈독을 들이는 공공의 적이 많다. 친하다고 해서 쉽게 믿어서는 안 된다. 은행 예금 금리 수준에 만족해야 하며 그 이상의 수익률을 보장하는 상품들은 돌다리도 두드려 보고 건너듯 꼼꼼히 따져봐야 한다.

요즘 금융회사에서 판매하는 금융상품들은 복잡한 구조로 만들어진다. 제시하는 수익률이 높을수록 금융사 PB가 자세하게 설명하지 않으면 쉽게 이해하기 어렵다. 지금은 아니더라도 미래에 발생할 수 있는 리스크가 항상 존재한다. 하지만 이러한 금융상품을 판매하는 금융회사는 리스크 요인을 설명하지만 아무래도 장점을 더 강하게 부각한다. 상품설명서에도 리스크 요인에 대한 내용은 눈에 잘 띄는 곳에 배치하지 않는다. 이는 금융회사 처지에서 보면 당연한 일이다. 금융회사의 궁극적인 목표는 고객에게 높은 수익률을 안겨주는 것이 아니라 수수료율이 높은 금융상품을 많이 팔아서 회사의 이익을 많이 내는 것이다. 금융회사는 절대 고객의 처지에서 접근하는 게 아님을 명심해야 한다.

따라서 거래하는 금융회사 PB에게 본인의 운용 스타일을 확실하게 각인시켜야 한다. 노후 자금인 만큼 리스크가 작은 안정적인 상품만을 추천하도록 해야 한다는 의미다. 거듭 강조하지만 노후 자금은 불리는 데 중점을 두는 것이 아니라 지키는 게 우선이다. 한순간이라도 방심해서 욕심을 부리면 위험에 빠진다는 점을 절대로 잊지 말자.

3) 단기, 중기, 장기로 구분해서 자금을 관리하라

노후 자금(현금성 자산의 경우)을 안정적으로 운영하기 위해서는 자금을 재무관리 계획에 맞추어 단기, 중기, 장기로 구분해서 운용해야 한다. 무작정 모든 자금을 단기로 운영할 필요는 없다.

단기자금은 어느 때든 출금해서 사용할 수 있는 자금이다. 하루를 맡기더라도 이자가 붙는 CMA 상품 등에 가입한 후 생활비 용도로 활용하면 된다. 단기자금은 너무 많이 묶어 둘 필요는 없다. 비상시를 대비해서 6개월 내에 쓸 수 있는 자금을 넣어두면 된다.

중기 자금은 6개월~1년 이내에 활용할 수 있는 자금을 묶어 운영하면 좋다. 금융권에서 5천만 원까지 원금이 보장되는 6개월, 1년 만기 예금 등의 상품에 가입하면 된다.

장기자금은 1년 이상 묶어 두어도 되는 자금들이다. 은행예금이나 채권 등도 좋은 대안이 될 수 있다. 좀 더 긴 시간 동안 투자할 수 있는 자금이라면 일부 자금은 우량·성장 테마로 구성된 ETF 등에 투자하는 것도 방법이 될 수 있다.

4) 위험자산인 주식 투자에 올인하지 마라

거듭 강조하지만 노후 자금 운용의 가장 큰 목적은 자산을 지키는 것이다. 위험자산에 투자해서 자산을 불리려는 생각 자체를 지워야 한다. 위험자산 투자는 자산이 크게 늘어날 수 있는 기회가 될 수 있지만 반대로 자산의 상당 부분이 감소할 수 있는 위험에 노출된다. 노후 자산 감소는 곧 노후의 삶이 피폐해진다는 것을 의미한다.

은퇴 이후 60대에 주식과 같은 위험자산에 투자하는 것은 큰 모험이다. 그렇기 때문에 주식 투자를 하더라도 비중은 여유 자금 내에서 최대 10~20% 수준을 넘지 않는 게 좋다. 주식 투자에서 안정적으로 수익을 내는 확률은 5%에 불과하다. 95%가 주식 투자를 통해 수익보다는 손실을 본다는 말이다. 노후 자금을 5%의 확률에 투자한다는 것은 어찌 보면 큰 도박과도 같은 것이다.

자산가들의 주식 투자 방법을 살펴보면, 우량주나 업종 대표주, 혁신을 주도하는 성장주 등에 장기투자를 한다. 여유 자금이기 때문에 수익이 날 때까지 장기적으로 보유할 수 있다. 장기투자를 통해 일정 수익이 나면 차익을 실현하고 한동안 주식을 멀리한다. 그리고 어느 정도 다시 주가가 하락하면 그때 주식을 다시 매수한다. 급할 게 없다는 것이다. 이러한 투자 방법은 장기적으로 묶어 두어도 당장 생활에 아무런 문제가 없는 여유 자금이어야 가능하다. 노후 자금에 여유가 있다면 노후 자금 중의 10~20%를 이러한 투자 패턴으로 장기적으로 투자하는 것도 한 방법일 수 있다.

노후 자금은 안정성이 최우선인 만큼 최대한 보수적으로 운용하는 것이 정답이다. 위험자산인 주식은 될 수 있는 한 피하는 게 좋고, 여유 자금으로 운용한다면 최대 10~20%가 넘지 않는 선에서 중장기적으로 투자할 것을 거듭 권고한다.

5) 자기주도로 스스로 관리하라

자산을 지키고 관리하는 데에는 많은 노력이 필요하다. 남에게 맡겨서 관리하는 것이 아니라 스스로 관리해야 한다. 물론 자산관리 파트너인 금융사 PB들의 조언은 큰 도움이 된다. 하지만 금융상품에 가입할 때에는 본인이 꼼꼼하게 체크해야 한다. 성과에 대한 책임은 본인 스스로 지는 것인 만큼 한 번 듣고 바로 선택할 것이 아니라 충분히 검토해야 한다. 까다롭다는 말이 나올 정도여야 한다. 금융사 PB들이 새로 나온 금융상품을 판매하기 쉬운 대상으로 여기게 해서는 절대 안 된다. 고위험자산에 대한 투자 자체를 권유하지 않도록 원천적으로 차단해야 한다. 투자 결정은 누가 해줄 수도 없고 누가 대신해주어서도 안 되는 각자의 몫이다.

그리고 사소한 부분에서 불필요한 비용이 빠져나갈 수 있다. 계좌를 전반적으로 점검해야 한다. 예를 들면 IRP 계좌는 무조건 비대면 즉 온라인으로 개설해야 한다. 지점을 방문해서 오프라인으로 계좌를 개설하면 본인의 의사와는 상관없이 매년 운용 수수료가 일정 비율로 부과된다. 본인이 자산을 직접 운용하더라도 운용 수수료는 예외 없이 부과된다. 내지 말아야 할 비용이 빠져나가는 것이다. 온라인으로 개설하면 운용 수수료는 무조건 면제된다. 필자도 퇴직 이후에 IRP 계좌를 온라인 비대면으로 새로 개설해서 포트폴리오를 다시 구성했다. 지금 가지고 있는 IRP 계좌가 오프라인으로 개설된 계좌라면 바로 비대면 계좌로 바꿀 것을 권한다. 단, 번거로운 면도 있다. IRP 계좌는 한 금융사에서 두 개의 계좌를 개설할 수 없으므로 보유하고 있는 자산을 매도・환매해 현금화하고 다른 금융사에서 계좌를 개설해 옮겨야 한다. 하지만 수수료를 절감한다는 점에서 이러한 번거로움은 아무런 문제가 되지 않는다. 이러한 수요가 많다 보니 금융사에서는 고객 이탈을 방지하기 위한 방법을 찾고 있다. 따라서 거래 금융사를 방문하면 현명한 해답을 찾을 수 있을 것이다.

그리고 퇴직연금(IRP) 계좌는 될 수 있는 한 증권회사에서 개설하는 것이 좋다. 필자가 증권회사 출신이라 증권회사를 권하는 것이 아니다. 증권회사 계좌로는 ETF 매매를 할 수 있기 때문이다. 다시 말해 계좌를 운용하는 데 있어 선택할 만한 상품군이 은행보다 훨씬 다양하다는 얘기다. 또한 ETF를 권하는 이유는 일반 펀드는 환매 기간이 길지만 ETF는 펀드이면서도 주식과 같이 거래되는 만큼 환금성 면에서는 훨씬 유리하기 때문이다. 조그만 차이가 큰 수익률의 차이로 연결될 수 있으니 꼼꼼히 따져보고 결정해야 한다.

6) 유튜브 등의 SNS 채널에 지나치게 몰입하지 마라

노후 자금으로 위험자산인 주식에 투자한다는 것은 매우 위험한 발상이다. 성공 확률 5%에 노후 자산을 맡기는 것은 도박이다. 그러기에 주식 투자를 하더라도 최소화해야 하고, 될 수 있는 한 주식 투자를 하지 말 것을 강조했다. 그런데 유튜브 등의 SNS 채널을 자주 접하게 되면 자연스럽게 주식 투자에 대한 유혹에 빠지기 쉽다. 유튜브 채널에는 투자와 관련해 엄청나게 많은 동영상이 아무런 제재도 받지 않고 매일매일 올라온다. 2배, 3배는 기본이고 가지고만 있으면 몇 년 후에는 무조건 5배, 10배는 올라갈 것이라는 내용으로 도배되어 있다. 특히 이러한 내용을 시청하면 할수록 알고리즘에 의해 사용자가 많이 시청한 주제와 관련한 영상이 우선적으로 더 많이 올라온다. 자연스럽게 본인의 의지와는 상관없이 관련 동영상을 더 자주 보게 된다. 이러한 동영상을 자주 보게 되면 자신도 모르게 빠져든다. 혹시나 해서 소규모로 투자하는 경우가 생기고 우연치 않게 수익으로 이어지게 되면 더 욕심을 내게 된다. 관련한 동영상들을 무조건적으로 맹신하면서 자신도 모르게 투자 규모가 점점 커진다. 그러다가 한순간에 큰 손실로 이어진다. 투자에 대한 손실은 누구도 책임져 주지 않는다. 특히 노후 자금은 평생을 아껴 써야 할 소중한 자산이기에 조심하고 또 조심해야 한다.

유튜브를 보더라도 제발 주식과 관련한 영상을 보지 말고 은퇴 준비와 은퇴 이후 생활과 관련한 동영상을 보면서 자극을 받았으면 좋겠다. 다양한 콘텐츠의 동영상에는 많은 혜안이 담겨 있다. 필자도 책 발간을 준비하는 과정에서 유튜브에 올라온 동영상이 큰 도움이 되었다. 알고 있는 내용이라 하더라도 실행에 옮기지 않으면 아무 소용이 없다. 자주 들으며 자극을 받으면 실행으로 옮기는 것이 훨씬 수월해진다. 그리고 그러한 조언들을 실천하면서 익숙해져야 한다. 은퇴자를 통해 생생하게 듣는 것은 소중한 간접경험이 된다.

유튜브와 같은 SNS 채널은 어떻게 활용하느냐에 따라 그 가치가 달라진다. 지금은 참 좋은 세상이다. 모든 정보가 공유되고 있고 다양한 채널을 통해 좋은 정보들을 언제든지 얻을 수 있기 때문이다. 하지만 반대로 너무 많은 내용이 아무런 통제도 받지 않고 만들어지다 보니 가짜 뉴스도 많고 자극적인 제목인 것도 많다. 옳고 그른 내용들은 수고스럽더라도 본인이 직접 잘 추려내야 한다.

세상을 살아가는 데 꼭 이렇게 살아야 된다는 정답은 없다. 사람들은 각자 자신의 환경에 맞추어 자신에게 맞는 삶을 찾아가며 살면 된다. 유튜브에만 집착하지 말고 그 해답을 책 속에서도 찾았으면 좋겠다. 책을 살 돈이 넉넉하지 않다면 도서관을 찾으면 된다. 지자체마다 대형 도서관들이 운영되고 있다. 주변을 둘러보면 가까운 거리에 갈 만한 도서관은 많다. 정성만 있으면 웬만한 것은 다 할 수 있다. 지식과 경험이 풍부한 분과의 대화를 통해 삶의 지혜를 얻을 수도 있다. 한 곳에만 함몰되지 말고 다양한 방법으로 자신에게 맞는 삶의 지혜들을 찾았으면 좋겠다.

7) 금융사기를 조심하라

최근 60~70대 노인을 대상으로 한 금융사기가 많이 늘어나고 있다. 문제는 이들의 사기 대상이 노후 자금이라는 점이다. 나이가 들면 아무래도 젊었을 때보다 판단력이 흐려지고, 정보접근성이 상대적으로 취약해진다. 그래서 금융사기 범죄에 노출되기가 더 쉽다. 과거처럼 공짜 선물을 준다고 홍보해서 고가품을 팔거나 만병통치약이라고 속여서 사는 것은 진부한 수법이다. 요즘 금융사기는 진보에 진보를 거듭했다. '보이스피싱'이 대표적인 금융사기 수법이다. 전화를 걸어 금융감독원이나 수사 기관을 사칭하여 허위 사실을 말하면서 협박하여 불안감을 조성한 뒤 송금이나 개인정보를 얻어내 자금을 인출하는 수법이다. 이 외에 문자나 카카오톡 등 모바일 메신저를 통해 이루어지는 '메신저 피싱'도 자주 발생한다. 문자로 부고장, 청첩장, 돌잔치 초대장 등이 도착했다고 하면서 링크를 걸어 악성 앱을 설치하도록 유도하여 휴대전화 내의 정보를 빼 가는 수법인 '스미싱'으로도 피해자가 많이 발생한다. 이러한 금융사기로 생긴 피해는 고스란히 피해자의 몫이다. 사고가 한 번 발생하면 피해 금액도 클 뿐 아니라 되돌려 받을 수 있는 방법이 별로 없다. 사전 예방을 통해서 이러한 위험성을 미리 차단하는 수 밖에 없다. 금융사기는 사람들의 심리를 교묘히 이용하면서 더욱 고도화·지능화되고 있다. 최근에는 젊은 사람들은 물론 전문직 직종에 종사하는 사람들도 치밀한 수법에 넘어가는 피해 사례가 늘고 있다. 심지어 금감원 직원이나 금융사 직원들도 보이스피싱을 당할 정도다.

세상은 엄청난 속도로 변화하고 있다. 빠르게 변화하는 세상에서 노인들이 혼자 힘으로 필요한 정보를 수집하고 합리적으로 대처하는 것은 쉬운 일이 아니다. 소중한 노후 자산을 금융사기로 잃게 된다면 얼마나 억울하고 안타까운 일인가? 나이가 들어도 세상의 변화에 잘 적응할 수 있도록 노력해야 한다. 적응하려는 시도 자체를 하지 않고 손을 놓아 버리면 그 손을 따뜻하게 잡아 줄 사람은 없다. 누군가의 도움에만 의지해서는 안 된다. 금융 문맹자는 노후생활에서 큰 어려움을 겪을 수 있다는 점에서 경각심을 가져야 한다.

8) 부동산 비중을 낮추고 금융자산 비중을 높여라

한국에서는 비금융자산 비중이 지나치게 높아

은퇴 후에 필요한 것은 당장 생활에 필요한 노후 자금이다. 바로 쓸 수 있는 현금이 필요하다. 연금은 매달 일정하게 지급되는 돈이다. 예금과 같은 금융자산은 언제든지 필요할 때 빼서 쓸 수 있다. 아무리 자산이 많다 하더라도 필요할 때 바로 쓸 수 있는 금융자산이 부족하면 경제적으로 어려운 생활을 하게 된다. 한국은 금융자산보다 비금융자산의 비중이 유난히 높다. 비금융자산이라 하면 바로 유동화하기 어려운 아파트 등 부동산이 대표적이다. 한국의 비금융자산 비중은 전체 자산의 64.4%를 차지하고 있다. 미국 28.5%, 일본 37%에 비하면 2배 이상이다.

연령대별 금융자산 비중을 살펴보면 30대 미만 57.3%, 30대 32.8%, 40대 24.2%, 50대 22.8%, 60대 17%로 집계되었다. 연령대가 높아질수록 부동산 비중이 높아진다. 40대 이후 금융자산 비중이 현저히 낮아지는 이유는 40대에 본격적으로 아파트 등 집을 장만하기 때문이다. 직장에서 연봉이 가장 높은 시기는 40~50대다. 집을 장만했지만 이 시기에는 자녀의 교육비가 가장 많이 들어가기 때문에 금융자산을 많이 모아두기 힘들다. 은퇴 이후 60대가 되어서는 전체 자산 중에서 금융자산 비중은 17%로 낮아지게 된다. 바꾸어 말하면 전체 자산의 83%가 바로 유동화할 수 없는 자산으로 묶여 있다는 말이다.

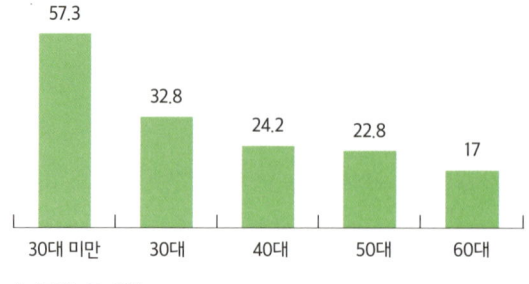

〈자료원: 통계청〉

　만약 노후 준비가 제대로 되어 있지 않은 상황에서 살고 있는 아파트가 운 좋게 10억 원대를 넘어섰다고 가정해 보자. 오랫동안 생활했던 터전이라 정도 많이 들어 이사를 쉽게 결정하기도 힘들다. 이런 상황이라면 노후를 위해서는 무조건 아파트를 매도하고 작은 평수나 시세가 훨씬 싼 지역으로 이사를 해 현금성 자산을 늘리는 게 정답이다. 만약 대출이라도 있다면 평수를 줄여 대출금을 우선 갚아야 한다. 노후에 대출 등 빚이 있다는 것은 엄청난 리스크다. 될 수 있는 한 빚은 빨리 청산하는 것이 좋다. 고가의 아파트를 팔지 않고 계속 보유하고 있다면 재산세와 종부세 등의 각종 세금이 만만치 않게 부과될 수 있다. 소위 말해 하우스푸어가 되는 것이다. 노후에 금융자산 없이 아파트만 보유하고 있는 것은 돈을 그냥 깔고 앉아 있는 것과 같다. 노후 자금이 없고 공시가격 기준으로 12억 원 이하의 아파트만을 대출 없이 보유하고 있다면 주택연금 등으로도 노후 준비를 할 수 있기에 이를 적극적으로 활용해야 한다. 고가의 아파트를 팔아 어느 정도의 현금성 자산을 확보할 수 있다면 그것은 행복한 고민이다.

　안정적인 노후생활을 위해서는 은퇴 이후에 전체 자산 중에서 금융자산 비중을 50% 이상으로 높여 놓아야 한다. 미국에서는 전체 자산 중에서 금융자산 비중이 70%가 넘는다. 금융자산 중에서도 연금과 장기투자 개념의 주식 비중이 거의 50%를 차지한다. 일본은 금융자산 비중이 63%이고 금융자산 내의 예금 비중이 54.2%로 현금성 자산 위주로 금융자산을 보유하고 있다. 이 국가들은 한국에 비해 노후 준비가 구조적으로 훨씬 안정적이라는 것이다.

　은퇴자의 자산 규모만을 비교하면 한국인의 자산 규모는 절대로 작지 않다. 하지만 문제는 보유한 자산의 대부분이 비금융자산으로 묶여 있다 보니 여러 문제가 생기는 것이다. 노후에는 당장 먹고 사는 문제가 우선인데 아파트를 보유하는 것이 무슨 의미가 있는가? 이마저 자녀에게 물려주기 위한 것이라고 하면 할 말이 없다. 자녀를 위해 희생하는 기간은 은퇴 이전까지다. 은퇴 이후는 자녀가 아니라 자신을 위한 인생을 살아야 한다. 은퇴 이후에도 자녀에게 올인하는 것은 불행을 자초하는 것이다. 부동산이 최후의 보루라면 마지막 노후 준비는 자녀가 아니라 주택연금이다. 희생만 하며 사는 삶은 이제 멈추어야 한다.

주요국 가계자산 구성 비교 (단위: %)

	한국	미국	일본(2020)	영국	호주
비금융자산	64.4	28.5	37.0	46.2	61.2
금융자산	35.6	71.5	63.0	53.8	38.8

〈자료원: 금융투자협회〉

각 금융자산 비중 구성 비교 (단위: %)

	한국	미국	일본	영국	호주
현금·예금	43.4	13.2	54.2	27.1	21.6
금융투자상품	25.4	58.0	16.3	15.6	18.2
(주 식)	20.8	40.2	10.4	11.1	17.3
(채 권)	2.3	2.3	1.3	0.2	0.1
(펀 드)	2.3	15.5	4.5	4.3	0.8
보험·연금	30.4	28.6	26.7	53.1	58.2
기타	0.8	0.2	2.8	4.2	2.0

〈자료원: 금융투자협회〉

PART 3 은퇴 이후 이야기

2 은퇴 이후 즐거운 인생 2막 만들기

은퇴를 하게 되면 누구나 부자가 된다. 돈이 많아진다는 의미가 아니라 시간 부자가 된다는 말이다. 돈을 한창 많이 버는 40~50대에는 시간이 곧 돈이다. 시간이 돈이기에 열심히 일해야 한다. 노력한 만큼 그 대가도 달콤하다. 하지만 은퇴하고 나면 상황은 달라진다. 시간은 돈이 아니라 시간을 보내려면 필요한 것이 돈이 된다. 돈 없이 시간을 보낸다는 것은 정말 생각만 해도 아찔하다. 현실은 참으로 냉정하다.

은퇴 이후 시간 부자가 된 당신이 시간 부자답게 살려면 어떻게 살아야 할까? 지금부터 그 답을 찾아보도록 하자. 지금부터 하는 이야기는 어느 정도 노후 준비가 된 상태를 가정하고 하는 것이다. 노후 준비가 전혀 되어 있지 않은 상태에서는 어찌 보면 큰 의미가 없다. 미리 은퇴를 충실하게 준비해서 은퇴 이후에 즐거운 인생 2막을 만들어가는 당신을 응원한다.

1) 버킷 리스트를 작성해 실천하기

은퇴는 곧 본격적인 나다운 삶을 사는 것이다

10대 때 50대를 바라보면 할아버지 같았고, 20대 때 50대를 바라보면 아버지 같았다. 30대 때 50대를 바라보면 아저씨 같았고, 40대 때 50대를 바라보면 형님 같았다. 어느덧 내가 50대가 되어 보니 무척 젊은 나이였다. 은퇴하게 되는 50대라고 해서 주눅 들고 소심해질 필요는 없다. 100세 시대에 50대는 아직도 청춘이다. 이제부터 본격적으로 나다운 삶을 살면 된다.

우리는 많은 것을 포기하면서 산다. 더군다나 가족을 부양해야 하는 가장이라면 더욱 그렇다. 하고 싶은 일을 다 하면서 살기에는 시간도 부족하고 돈도 부족하다. 결혼을 하고 아이를 낳아 키우며, 교육하고, 결혼까지 책임져야 한다면 포기해야 할 것은 계속 늘어난다. 자신이 하고 싶은 것을 포기하고 직장 생활에 올인하지만 정작 자녀가 원하는 것은 하나라도 더 해주고 싶은 게 부모 맘이다. 그렇게 많은 것을 포기한 채 세월은 흘러간다. 더욱이 베이비부머세대는 부모를 기쁘게 해드리려고 대학을 가더라도 최대한 부모가 원하는 학과를 선택하고, 부모가 원하는 직장을 가려고 노력했다. 결혼하기 전에는 효도라는 이유로 부모를 위한 삶을 살았고, 결혼한 후에는 가장으로서 가족을 위한 삶을 살아야 했다. 나를 위한 삶을 살아본 적이 없다. 은퇴는 이제 나를 위해 나다운 삶을 살기 위한 새로운 출발이기에 첫 단추를 잘 꿰어야 한다. 나를 위한 새로운 삶을 살기 위해서는 노후 자금 이외에도 사전 준비를 많이 해야 한다.

어느덧 직장에서 은퇴해야 할 시기가 다가오고 막상 은퇴하게 되면 우울증에 빠질 수 있다. "은퇴 이후의 삶을 무엇을 하며 보내야 하나?"라는 질문을 끊임없이 던져보지만 갑자기 뾰족한 답이 떠오르지 않는다. '여행이나 가볼까? 여행을 가면 누구하고 갈까? 어디를 가야 하나? 무엇을 해야 하지?' 계획이 전혀 없다. '아내하고 가지 뭐, 아니면 친구하고 가면 되겠지.' 이렇게 즉흥적이다 보니 계획하기도 힘들고 시간이 지나면 짜증만 늘어난다.

이런 고민을 줄이기 위한 가장 좋은 방법은 바로 은퇴 전에 시간이 날 때마다 은퇴 후에 꼭 하고 싶은 것들의 목록, 즉 버킷 리스트를 작성해 두는 것이다. 가장으로서 무거운 짐을 지고 살아오면서 포기했던 꼭 하고 싶었던 일들을 하나씩 정리해 보자. 실현되지 못한다 하더라도 하고 싶었던 일들을 적어보는 것만으로도 즐겁다. 그렇게 버킷 리스트에 올라가는 목록이 하나둘 늘어갈 때마다 은퇴 이후에 대한 기대감도 커진다. 은퇴가 두려운 것이 아니라 또 다른 목표를 향해 달려갈 수 있는 새로운 출발점처럼 느껴질 것이다. 거창하지 않아도 된다.

필자는 퇴직 2년 전부터 버킷 리스트를 작성했다. 퇴직 후에 새로운 일을 하고 있지만 이전보다는 여유로움이 있기에 하나씩 시도해 보고 있다. 퇴직 후에도 버킷 리스트에는 새로운 항목들이 계속 늘어나고 있다. 지금까지는 삶이 의욕적이다. 하루하루 시간이 빨리 지나가는 것이 아쉬울 정도로 바쁘게 보낸다. 필자는 현재 명함만 4개다. 지인과 함께 만든 신설 법인인 이스트브릿지컴퍼니의 컨설팅 부문 대표, IPR스퀘어 비상근 경영고문, 은퇴 설계 전문 강사, 뉴스저널리즘 객원기자, 여행 작가라는 타이틀을 가지고 있다. 아직은 수익으로 연결되기보다는 좋아서 하는 일이 대부분이다. 아내는 "당신은 매일 출근하는데 왜 월급이 없냐?"라며 핀잔을 주기도 한다. 지금 준비하는 일들이 나중에 큰 수익으로 이어질 수 있기를 기대하며 욕심 없이 즐겁게 일하고 있다. 매일 출근할 수 있는 곳이 있다는 것, 매일 무언가 할 일이 있다는 것에 감사할 따름이다. 은퇴 이후라도 좋으니 하고 싶었지만 포기했던 꿈들을 계속 적어 보고 시도해 보기 바란다.

참고로 창피하지만 필자의 버킷 리스트와 현재 진행되고 있는 것들을 소개해 본다.

- 새로운 일에 도전하기
  : 이스트브릿지컴퍼니 신설 법인 설립 이후 F&B사업, 컨설팅 사업, 출판사업 진행(2023. 2.~)
  : 여행 작가로 데뷔해 뉴스저널리즘에 매주 트레킹 코스 소개 글을 기고 중(뻐꾸기의 산행, 2024. 2. ~)

- 강의하기
  : 은퇴 준비 이야기를 소재로 강의 활동 중, 관련 책 집필
  : 대학교/대학원 최고경영자과정 강의 - 특강 중심

- 평생을 할 수 있는 취미 만들기
    : 수묵화 배우기 - 2023년 2월부터 매주 1회
    : 캘리그라피 배우기 - 독학 중
    : 서예 배우기

- 등산 및 트레킹 하기
    : 명산 등산하기
    : 걷기 좋은 둘레길 찾아다니기
    : 에베레스트 트레킹 하기 - 만 60세 이전에 도전

- 책 쓰기
    : '자산관리, 은퇴 준비, 은퇴 이후 이야기' 책 집필
    : 걷기 좋은 둘레길 소개 시리즈로 준비 중
    : 삶에 도움을 줄 수 있는 자기계발 관련 책
    : 전원생활의 소소한 삶에 대한 이야기를 담은 책(일기 형태, 65세 이후)

- 전원생활 하기
    : 65세가 넘어 완전하게 은퇴한 이후

- 여행하기
    : 가족 여행하기(국내/해외)
    : 친구와 여행하기(국내/해외)

2) 부부가 서로의 삶을 인정해 주기

은퇴 이후 당신의 부부관계는 좋아졌나요?

은퇴 이후에 가장 많은 문제가 발생하는 부분이 바로 부부관계다. 은퇴자를 대상으로 한 설문조사에서 은퇴 후에 부부관계가 좋아졌다고 답한 비율은 8%에 불과했다. 충격적인 수치라고 생각할 수 있겠지만 그게 바로 현실이다. 은퇴하고 나면 아내와 여행도 자주 다니고 아내와 취미 활동도 같이 하며 즐거운 인생 2막을 보낼 것이라 생각하지만 큰 오산이다. 아내는 남편과 함께 여행을 다니고, 맞지 않는 취미 활동을 같이하고 싶지 않다. 오히려 친구와 여행을 다니고 친구와 취미 활동을 하고 싶어 한다. 슬픈 일이지만 현실을 그대로 인정해야 한다.

은퇴 전에 집은 아내만의 공간이었다. 남편이 출근하면 집안일을 하고 나서 오롯이 혼자 소유하는 공간이다. 그런 자신만의 공간을 남편이 들어와 차지해 버리면 어떤 일이 발생할까? 남편의 퇴직 이후에 아내에게는 은퇴남편증후군이 생긴다고 한다. 남편이 은퇴 후에 집에 계속 머물게 되면서 가정 불화가 크게 늘어나고 이혼율도 높아진다는 조사 결과도 있다. 특히 60대 이상 이혼 부부를 분석해 보면 미성년 자녀가 있는 부부보다 자녀 양육이 마무리된 부부가 월등히 많았다. 결국 이혼의 가장 큰 원인은 은퇴 이후에 부부 둘이 생활하다 생긴 갈등이다. 그렇기 때문에 평소에 부부관계를 어떻게 유지하느냐는 매우 중요하다.

은퇴 이후 가장 인기 있는 남편은? 낮에 집에 없는 남편

　대부분의 가장은 평일에는 잦은 술자리 때문에 귀가 시간이 늦는 날이 많다. 주말이면 업무의 연속이라는 핑계로 골프를 치러 간다. 집에 일찍 들어가면 뭔가 허전하기에 없는 약속도 만들어 술 한잔 하고 들어간다. 아내와 함께하는 시간이 적다 보니 서로에 대한 이해가 부족해진다. 은퇴 후에 아내의 잔소리가 늘어나면 남편은 남편대로 속상하고 서글프다. 지난 30년을 가족을 위해 봉사한 자신이 원망스럽기도 하고 초라해지기 시작한다. 화가 나 무작정 집을 나서 보지만 갈 곳이 마땅치 않다. 은퇴하고 두세 달은 연락하면 흔쾌히 만나주는 사람이 많다. 오히려 은퇴 전보다 더 바쁘다. 하지만 시간이 지날수록 만남의 횟수는 점점 줄어든다. 도서관에도 가보고 돌아다닐 곳이 있으면 여기저기 다 가본다. 시간이 지나면 더 이상 갈 곳이 없다. 다시 집에 있는 시간이 길어지면 아내와 크고 작은 충돌을 하게 되고 아내와의 갈등으로 생긴 틈은 더 벌어지게 된다. 은퇴하면 가족이 모두 자신을 떠받들어 줄 것이라고 생각했는데 현실은 너무 가혹하다. 은퇴 이후 가장 인기 있는 남편은 요리 잘하고 청소 잘하는 남편이 아니다. 낮에 집에 없는 남편이 가장 인기 있다고 한다. 사실을 받아들이기 쉽지 않겠지만 우스갯소리가 아니다. 나이가 들수록 부부관계도 일방적인 이해를 바라기보다는 서로의 사생활을 존중해주며 어느 정도 거리감을 두는 것이 필요하다.

아내를 자신의 기준에 맞추려 하지 마라

은퇴 준비를 잘했다고 하더라도 아내와의 관계에서는 고비가 많이 있을 것이다. 이 고비를 잘 넘겨야 한다. 아내에게 섭섭하다고 화를 낼 것이 아니라 아내의 처지에서 아내를 인정해주어야 한다. 본인에게 맞는 삶이 있듯이 아내에게도 즐길 수 있는 자신만의 삶이 있다. 서로의 삶을 인정해주고 존중해 주어야 한다. 아내의 취미를 자신의 기준에 맞추려 하면 안 된다. 아내가 어떤 취미 활동을 하든 자신이 어떤 취미 활동을 하든 그 활동으로 인해 서로 만족을 느끼면 된다. 오히려 서로의 취미 활동을 적극적으로 지원해주거나 호응해주면 좋다. 그렇게 서로를 존중하고 인정하다 보면 서로에게 공통되는 취미 활동이 생길 수 있다. 가끔 여행도 함께 할 수 있는 기회도 생기는 것이다.

서로의 의견을 경청하자

30년 넘게 돈을 버느라 죽어라 일만 했다고 자신의 노고를 인정해달라고 떼쓰지 마라. 오랜 시간 집안일을 하면서 자녀와 남편 뒷바라지에 평생을 바친 아내의 노고를 잊어서는 안 된다. 먼저 아내의 노고를 인정해 주어야 한다. 그리고 부부라면 서로의 의견을 경청해주길 바란다. 내 말이 옳고 당신 말은 옳지 않다고 생각은 버려라. 자신의 관점에서 아내를 설득하려 하지 말고 아내의 처지에서 이해해 주려고 노력하라. 부부가 서로 잘잘못을 따지는 게 무슨 의미가 있겠는가? 양보한다는 생각으로 한걸음 뒤에서 바라보면 맘이 편할 것이다. 말은 참 편하게 하지만 필자도 이런 내용을 실천하기가 어려워 아직도 헤매고 있다. 그래도 계속 시도해야 한다. 그래야 나와 가정이 편안해진다.

서로를 존중한다는 의미에서 고운 말을 써야 한다

아무리 가까운 사이라 하더라도 지켜야 할 도리가 있다. 부부간의 대화에서도 서로 존중하는 의미에서 고운 말을 써야 한다. 고운 말을 쓰라고 해서 존댓말을 쓰라는 것이 아니다. 서로 말을 예쁘게 하라는 것이다. 화를 내듯 말하거나 비꼬는 듯 짜증내면서 얘기를 하면 상대방도 화가 나고 짜증이 나게 된다. "가는 말이 고와야 오는 말도 곱다"라는 속담처럼 대화할 때는 한 번 더 생각하고 곱게 이야기하기 바란다.

3) 자신에게 맞는 취미생활을 찾아 즐기기

은퇴 이후 분출되는 스트레스를 취미 활동으로 풀어보자

은퇴자는 은퇴와 동시에 시간 부자가 된다. 무엇을 하며 많은 시간을 보내야 할지 고민되는데 고민이 깊어지면 스트레스가 된다. 스트레스가 되지 않으려면 시간을 효율적으로 보낼 수 있는 나만의 취미 활동이 필요하다. 나는 재주가 없어 잘할 수 있는 것이 없다고 물러서지 마

라. 잘하지 못해도 된다. 즐거우면 된다. 무엇이든 도전해 보자. 은퇴 이후에는 자신을 한정 짓는 삶이 아닌 확장하는 삶으로 만들어야 한다. 못하는 게 아니라 안 해봐서 못하는 것이니 주저하지 말고 시도해 보자.

은퇴 이후에 가장 두려워해야 할 적은 우울증이다. 우울증은 매우 위험한 병이다. 은퇴 이후에 우울증으로 인해 극단적인 선택을 하는 사람이 생각보다 많다. 아무것도 할 수 없는 자신을 바라보며 느끼는 자괴감과 무력감이 심해지면서 우울증이 생기게 된다. 그렇기에 될 수 있는 한 빨리 즐기면서 할 수 있는 무언가를 찾아야 한다.

그동안 직장 생활을 하는 동안 쌓여 있던 모든 스트레스가 은퇴 이후에 한꺼번에 분출된다. 이것들이 분출될 때 자기조절을 하지 못하면 가정이나 사람과의 관계에서 큰 문제가 발생한다. 쌓여 있던 울분들이 분출될 때 이를 조절해 줄 수 있는 가장 좋은 해결 방법이 바로 취미 활동이다. 나이에 대한 편견을 버리고 무엇을 하든 간에 자신이 좋아하는 것을 하면 좋다. 창피할 것도 없고 창피해해서도 안 된다. 남 눈치 보지 말고 자신이 하고 싶은 일을 하면 된다. 꽃꽂이를 배우고 싶다면 배워라. 여자들만 하는 취미 활동이라고 생각하지 마라. 필자는 은퇴 이후에 수묵화를 배우고 싶어서 퇴직하자마자 바로 평생교육원에 등록했다. 수묵화를 매주 1회 3시간씩 배우고 있다. 그림을 그릴 때면 집중해야 하고 그럴 때 모든 잡념이 사라진다. 정신이 맑아지는 느낌이 무척 좋았다. 평생교육원에서 운영하는 수묵화반에 처음 등록했을 때 회원 15명 중에서 남자는 필자뿐이었다. 처음에는 어색하고 창피하기도 했지만 교수님과 함께 여자 원우들과 스스럼없이 어울려 식사도 하고 차도 자주 마시는 사이가 되었다. 처음 배우는 그림이지만 실력이 조금씩 향상된다고 생각하면서 대단한 만족감을 느낀다. 특히나 교수님의 칭찬에 그림에 대한 자신감도 매우 커졌다. 요즘 책 쓰기를 준비하고 법인을 만들며 새로운 일들을 하느라 그림 배우기가 잠시 중단되었지만 언제든지 여유가 생기면 다시 시작할 예정이다. 그리고 65세 이후에 완전한 은퇴 이후 꿈꾸는 전원생활을 시작하게 되면 따로 작업실도 만들어 수묵화를 본격적으로 그려 볼 계획이다. 지자체에서 운영하는 평생교육원에는 수십 개의 취미 활동반이 다양하게 운영되고 있다. 비용도 저렴하다. 잘 활용하면 정말 큰 도움이 된다.

즐길 수 있는 다양한 취미를 만들어라

하나의 취미만으로는 부족하다. 다양한 취미를 찾아 즐기기를 권한다. 혼자 할 수 있는 취미 활동도 좋지만 동호회를 통한 취미 활동을 추천한다. 한가지 취미에만 몰두하다 보면 집착하게 된다. 많은 시간을 보내려면 혼자 할 수 있는 취미도 만들고 여러 사람과 함께 할 수 있는 취미도 만들어야 한다. 취미 활동을 통해 다양한 부류의 사람들을 만날 수 있다. 그동안은 일과 관련한 사람들을 주로 만났지만 은퇴 후에는 일보다는 취미 활동 등을 통해 관계를 이어가는 경우가 많다. 늦게 만난 사람이 평생지기가 될 수도 있다. 나이도 상관없다. 나이가 어린 사람이 동생 같은 친구가 되고 나이 많은 사람은 형님 같은 친구가 될 수 있다.

나이가 들면 술친구가 오래가는 것이 아니라 취미가 같은 친구와의 관계가 오래 간다. 언제 만났느냐가 중요한 것이 아니다. 같은 관심사로 오랫동안 만남을 이어갈 수 있느냐가 더 중요하다. 은퇴 후에 만났어도 좋은 친구가 될 수 있다.

취미 활동은 잘하려고 하지 말고 즐겨라

취미 활동은 잘하려고 하기보다 즐겨야 한다. 운동도 지나친 승부욕은 상대방에게 나쁜 이미지를 준다. 즐기려고 왔는데 상대방이 어떻게 든 이기려고만 한다면 같이 하고 싶은 마음이 사라진다. 또 지나치게 몰입하다 보면 다치는 경우도 자주 발생한다. 은퇴 이후의 몸은 30~40대의 몸이 아니다. 생각하는 것과 실제로 움직이는 것이 다르다. 아마 여러분도 자녀의 유치원이나 초등학교의 운동회에 참가해 이어달리기를 한 경험이 있을 것이다. 부모는 자녀에게 멋진 모습을 보여 주기 위해 최선을 다해서 뛴다. 문제는 마음이 앞서 몸을 앞으로 내밀며 달리지만 정작 내달려야 할 다리는 마음을 따라가지 못한다는 것이다. 결국 앞으로 꼬꾸라져 넘어지게 된다. 하물며 지금보다 훨씬 젊었던 30~40대 시절에도 그러한데 60대의 몸으로 운동할 때 과욕을 부리다 다치기라도 하면 자칫 대형 사고로 이어질 수 있다. 몸과 마음을 건강하게 하기 위한 취미 활동인 만큼 지나친 승부욕이 아닌 가벼운 마음으로 즐겨야 한다. 그래야 오랫동안 즐겁게 할 수 있다.

한편 본인이 좋아하는 취미 활동이라 하더라도 자신의 재정적인 상태에 맞아야 한다. 노후 자금에 여유가 있어 골프를 자주 칠 여건이 된다면 골프도 좋은 취미 활동이 될 수 있다. 하지만 노후 자금이 넉넉하지 않은 상황에서 여유 있는 친구와 어울려 골프를 치러 다닌다면 그것은 취미 활동이 아니다. 오히려 같이 어울리면 어울릴수록 자괴감만 더 들게 된다. 은퇴 이후 시간이 지나고 나면 자연스럽게 생활 수준이 비슷한 친구와 더 자주 어울리게 된다. 거기에다 취미 활동까지 같아지면 더욱 돈독한 사이로 발전한다.

시간을 때우려는 활동은 취미 활동이 아니다

취미 활동은 절대로 시간을 죽이기 위한 활동이 되어서는 안 된다. 본인이 즐기고 좋아해야 된다. 등산을 예를 들어 보자. 등산이나 트레킹을 좋아하는 사람은 전국 곳곳의 명산을 다니면서 자연을 즐기고 풍경 사진을 찍으며 만족감을 느낀다. 풍경 사진을 자주 찍다가 전문적으로 사진 작가가 되기도 한다. 블로그 등에 등산 기록을 남기며 의미 있는 활동도 이어간다. 필자도 등산과 트레킹을 좋아하는데 이런 취미를 살려 뉴스저널리즘이라는 인터넷 언론사에 서울 시내에서 걷기 좋은 둘레길을 소개하는 글을 기고하고 있다. 이 글들을 모아 조만간 책으로 발간하려고 한다. 하지만 정말 할 일이 없어 시간을 때우기 위해서 매번 같은 산을 오르거나 같은 장소를 반복해서 걷는다면 그건 취미 활동이 아니다. 오히려 자신을 더 비참하게 만드는 행동일 뿐이다. 같은 장소를 계속해서 여러 번 다니다 보면 오히려 공항장애나 우울증이 생길 수 있다. 결국 좋은 취미 활동이 될 수도 있는 등산이나 트레킹이 자신의 건강을 해치는 활동이 되는 것이다. 따라서 취미 활동이라는 것은 즐거워야 한다. 그래야 정신건강에도 좋다.

욜드족, 쏠트족이 되어라

욜드족이라 함은 Young-Old의 줄임 말로 은퇴 이후에 동호회나 지인 모임 등 다양한 취미 활동을 즐기면서 젊게 사는 시니어세대를 의미한다. 제2의 인생을 다양한 라이프스타일로 자신만을 색깔과 가치를 가지고 살아간다는 의미다. 더 나아가 쏠트족이라는 용어도 생겨났다. 쏠드족은 Smart-Old의 합성어로 카카오톡, 유튜브 등의 디지털 디바이스를 자유자재로 활용하는 시니어세대를 의미한다. 디지털 기술을 적극적으로 받아들이고 활용하면서 더욱 편안하고 편리한 삶을 추구하는 시니어세대. 60대가 되었다고 자신을 노인이라고 생각하지 말고 적극적인 삶을 살아가자. 100세 시대에는 나이가 숫자에 불과하다. 60대, 70대가 되어도 변화의 주체가 되어 시간의 굴레에서 벗어난다면 하루하루가 즐거운 인생이 될 것이다. 행복이라는 것을 먼 곳에서 찾으려 하지 말고 가까운 곳에서 찾자. 그래야 더 많은 행복을 얻을 수 있다.

4) 건강관리를 위해 꾸준히 운동하고 정기적으로 건강검진 받기

지금이라도 늦지 않았다. 당장 운동을 시작하자

100세 시대에 제일 중요한 것은 건강관리다. 건강관리는 평생을 해야 하는 중요한 숙제와 같다. 하지만 가장 실천하기 어려운 것이기도 하다. 연말이 되면 피트니스 센터에 등록하는 사람이 크게 늘어난다. 새해부터 열심히 운동하겠다는 각오가 신규 등록으로 이어진다. 피트니스 센터에서도 이러한 심리를 이용해 파격적인 할인가를 제시한다. 1년 등록 시 50% 할인 및 개인 PT 10회 무료 제공 등으로 회원 모집에 나선다. 대폭 할인된 가격 때문에 많은 사람이 대단한 결심을 하고 등록하지만 작심삼일이 되고 만다. 연초에 열심히 나가다 횟수가 점점 줄어든다. 결국에는 1~2개월 이후에는 많은 사람이 운동을 포기한다. 1년 치 등록 비용이 아까워 다시 시작해 보려 하지만 맘처럼 되지 않는다. 피트니스 센터 처지에서는 1년 등록 비용을 50% 할인하더라도 손해 보는 장사가 아닌 것이다.

은퇴 후에는 시간 부자가 된다. 많은 시간을 무엇을 하며 보낼 것인가? 규칙적인 운동을 취미 활동의 하나로 생각하고 실천해야 한다. 운동을 생활화하지 않고 따로 시간을 내서 해야 하는 일로 생각하면 운동 자체가 부담스러워진다. 운동을 하지 않고 건너뛰는 경우가 자주 생긴다. 매일매일 일상이 되어야 한다. 습관처럼 하는 루틴이 되어 하루라도 건너뛰면 뭔가 일상에서 중요한 일과가 빠진 듯한 찜찜한 느낌이 든다면 일단 성공이다.

한국인의 평균 건강나이는 73세라고 한다. 아프지 않고 건강하게 살 수 있는 나이지만 어떻게 관리하느냐에 따라 늘어날 수도 줄어들 수도 있다. 돈이 아무리 많아도 건강하지 않으면 무용지물이다. 병상에 누워 지내는 날이 많다면 돈이 무슨 의미가 있겠는가? 은퇴 후에 여기저기 여행도 다니고 재미있게 살아 보려 했는데 몸이 따라주지 않으면 얼마나 답답하겠는가? 평생을 일만 하다가 은퇴 후에 남은 삶에서 아파서 골골대며 지내야 한다면 생각만 해도 고통스럽다.

나이가 들수록 TV 시청 시간이 증가

70세 이상 노인 중에서 유산소운동을 하며 건강관리를 하는 사람의 비중은 30% 정도라고 한다. 10명 중 7명은 단순한 운동조차 하지 않는다는 것이다. 건강이 나빠져서 그런 것도 있지만 평소에 운동에 대한 습관이 배여 있지 않기 때문이다. 그냥 아프지 않으면 다행이라는 생각이 우선이다. 60대 이상에서 가장 많이 생기는 병이 퇴행성관절염이다. 평소에 체중관리도 하지 않고 움직이는 활동을 하지 않으니 당연하게 생기는 병이다. 그렇다면 운동을 하지 않으며 가장 많이 하는 행동은 무엇일까? 그것은 바로 TV 시청이다. 먹고 TV 보며 자는 생활을 반복하다 보면 몸의 신진대사는 망가진다. 몸도 적당히 움직여줘야 기능을 제대로 발휘할 수 있다. 나이가 들수록 활동량이 줄고 TV 시청 시간이 길어질수록 몸을 힘들게 하는 병이 하나둘 늘어난다는 점을 잊지 말자.

단 운동을 하더라도 자신에게 맞는 강도의 운동을 해야 한다. 무리한 운동은 오히려 득보다는 해가 된다. 무리하다 다치면 병원비가 더 들어갈 수 있다. 특히 나이가 들수록 과격한 운동은 금물이다. 심장에 무리가 갈 수 있다. 동호회 활동 등을 통해 즐겁고 재미있게 함께 할 수 있는 운동을 하면 사람도 사귈 수 있고 정신건강에도 도움이 된다.

운동과는 별개로 건강을 관리하는 데 중요한 것은 술과 담배다. 술과 담배를 끊으면 좋겠지만 그렇지 못한다면 최대한 절제해야 한다. 특히 담배는 백해무익한 것이니 금연은 빠를수록 좋다. 지금이라도 늦지 않았다. 술을 많이 마시고 담배를 많이 피우더라도 아프지 않으면 누구보다 자신이 건강하다고 생각한다. 하지만 건강이라는 것은 아무도 예상 못하는 시기에 조금씩 누적되다 급격히 악화된다. 나이 들수록 예방이 중요하다. 젊었을 때야 아프더라도 치료받으면 금방 회복되지만 나이가 들면 회복도 더디다. 병이 병을 키우면서 합병증으로 고생할 수도 있다.

건강검진은 자신에 대한 투자다

건강과 관련해 무엇보다 중요한 한 가지가 있다. 바로 정기적으로 건강검진을 받는 것이다. 직장을 다닐 때는 회사에서 의무적으로 건강검진을 받는다. 하지만 은퇴 후에는 건강검진에 소홀할 수 있다. 회사 비용이 아니라 본인 돈으로 건강검진을 받는 것에 익숙하지 않기 때문이다. 종합건강검진은 비용도 만만치 않아 부담스러울 수 있다. 하지만 아무리 건강하더라도 보이지 않는 곳에서 이상이 생길 수 있다. 사전에 예방한다는 측면에서 1~2년에 한 번은 꼭 종합건강검진을 받는 것이 좋다. 병을 초기에 발견하면 치료하기도 쉽다. 아픈 데도 없는데 왜 받느냐고 반문하지 말고 예방이 최선의 치료라는 점을 명심하자. 또 건강검진은 대형 의료기관에서 정기적으로 받는 것이 중요하다. 그러면 이전 의료 기록이 보관·유지되기 때문에 개인의 건강 상태를 더욱 명확하게 진단하고 관리할 수 있다.

5) 친구·지인 관리 잘하기

평소에 친구에게 안부 전화를 자주 하라

생전 연락도 하지 않다가 은퇴했다고 시간이 많으니 앞으로 자주 연락하며 만나자고 하면 누가 반기겠는가? 친구를 시간 메우기용으로 활용하면 안 된다. 친구에게 평소에 자주 연락하면서 안부도 전해야 관계가 유지된다. 소중하게 생각했던 친구라면 은퇴 전에 미리미리 연락해서 안부를 물어보자. 특히 지방에 있는 친구는 안부 전화가 더 반가울 것이다. 지방이라 당장 내려가서 만나기 어렵지만 전화상으로도 다시 돈독한 관계가 형성될 수 있다. 지방에 친한 친구나 후배가 있으면 은퇴 후에 여행 겸 만남을 위해 그곳을 방문하면 된다. 그렇게 관계가 유지된다. 지금이라도 늦지 않았다. 은퇴 후라도 정말 만나고 싶은 친구가 있다면 주저하지 말고 자주 연락하라. 친구 관계는 진정성 있게 다가가면 언제든지 다시 돈독해질 수 있다. 늦었다고 생각했을 때가 시간이 지나고 보면 가장 빨리 할 수 있는 때였다는 점을 잊지 말자.

새로운 사람과의 만남을 두려워하지 마라

은퇴 후에 만나는 사람의 대부분은 과거의 사람이다. 동창회, 향우회, 전우회 등 과거 혈연, 학연, 지연 등으로 끈끈하게 뭉쳐진 모임이다. 당연히 모임에 나가면 과거의 얘기에만 집착한다. 그때는 말이야 하면서 좋은 말로 말하자면 추억에 빠져드는 것이다. 물론 끈끈한 정으로 뭉친 모임에서 옛날을 생각하며 나누는 얘기는 즐겁고 좋다. 그곳에서 만족감을 느끼고 편안하면 된다. 모두 소중한 사람이다. 하지만 인생 후반전을 시작하는데 언제까지 과거 추억놀이만 하면서 과거에 함몰되고 과거에만 집착해서야 되겠는가? 인생 2막에서는 미래지향적으로 살아야 한다. 사람과의 관계에서도 새로운 도전을 해보라는 것이다. 동호회 활동이나 취미 활동을 통해서 새로운 사람들을 만나면서 활동 반경을 넓혀가면 삶이 훨씬 즐거워질 수 있다. 새로운 사람을 만나는 것을 두려워해서는 안 된다. 물론 처음에는 낯설고 서먹하겠지만 시간이 지나면 서로에게 인생의 빛이 되어 주는 관계가 될 수 있다. 관계의 폭을 계속 넓혀가야 외롭지 않다. 만나는 사람들의 나이는 상관없다. 자신보다 어린 사람도 좋고 나이가 많은 사람도 상관없다.

진정성 있게 사람을 대하고 존중해줘라

새로운 사람들을 만날 때는 진정성 있게 대하고 존중해줘야 한다. 그리고 긍정적인 사람들을 만나려 노력해야 하며, 항상 웃으며 칭찬을 많이 하는 사람을 만나라. 나이가 들면 몸에 밴 인성이라는 것이 있다. 좋은 사람을 만나야 내가 좋아질 수 있고, 내가 다른 사람에게 좋은 사람이 될 수 있다. 나이가 들면 사람은 사고가 굳어진다. 그렇기 때문에 자기의 생각과 경험을 절대적인 기준으로 잡고 판단하려 한다. 그러다 보면 대화하는 과정에서 지시하고 지적하는 상황이 자주 발생한다. 그렇게 되면 자연스럽게 상대방의 의견이 무시된다. 칭찬에도 인색하다. 세상을 살아가는데 모두에게 맞는 정답은 없다. 내가 아는 것이 다 정답이 아니다. 벼는 익을수록 고개를 숙인다. 경험이 많다는 것을 자랑하기보다는 나이가 들수록 사람의 말을 경청하여야 한다. 내가 긍정적인 사람이 되어야 상대방도 나를 긍정적으로 대하고 서로 시너지가 생긴다는 점을 명심하자.

자신의 신세를 한탄하거나 다른 사람을 험담하지 마라

사람과 대화할 때 자신의 신세를 한탄하지 마라. 그러면 상대방에게 부담만 줄 뿐이다. 상대방에게 긍정적인 에너지를 받아야 하는데 부정적인 에너지만을 받게 된다면 누가 좋아하겠는가? 사람을 만날 때는 칭찬을 많이 하고 좋은 말을 많이 하면서 만남 그 자체를 즐겨야 한다. 긍정적인 에너지가 충만하도록 하라. 그런 만남이 아니라면 굳이 여러 사람을 만날 필요가 없다. 모임에서 다른 사람을 험담하지 마라. 그런 행동이 반복되면 아마 모든 사람이 자신에게서 등을 돌릴 것이다. 험담의 대상이 자신이 될 수 있는데 굳이 그런 사람을 만날 필요가 있겠는가? 험담을 하고 흉을 많이 본다면 이는 본인의 행실이 바르지 못하다는 증거다. 대화할 때는 고운 말을 써야 한다. 익살스러운 말은 좋지만 욕이 들어가는 거친 말은 피하는 게 좋다. 나이가 들면 말은 그 사람의 인격이 된다. 대화할 때는 상대방의 나이와 상관없이 고운 말로 서로 존중해야 한다.

친구나 지인 관리는 인생 투자다

은퇴 이후의 친구나 지인을 관리하는 것도 곧 투자다. 사람을 사귀는 데 쓰는 돈은 아까워하면 안 된다. 돈을 쓴다고 해도 거액을 쓰는 것도 아니다. 맛있는 밥 한번 사고 술 한잔 사며 차 한잔 사는 것이다. 매번 만날 때마다 얻어먹으려 하는 친구가 있다며 당신은 그 친구를 만나고 싶겠는가? 한두 번은 그렇다 치더라도 매번 얻어먹으려 한다면 만나고 싶은 마음이 없어진다. 작은 투자지만 평생을 함께 할 수 있는 친구를 얻는다고 생각해 보자. 좋은 친구를 얻고 유지하려면 내가 먼저 긍정적인 에너지를 줄 수 있도록 베풀고 행동해야 한다. 그러면 모든 관계가 자연스럽게 잘 유지되고 발전할 것이다. 만나면 편하고 반가우면 그 자체를 즐기면 된다. 직장 생활을 할 때는 갑과 을의 관계가 되더라도 어쩔 수 없이 서로의 필요에 의해 관계가 유지된다. 하지만 은퇴 후에는 갑과 을의 관계가 되는 순간 서로의 관계는 끊어진다. 갑의 위치에서 행동하려는 사람은 만날 필요가 없다. 만나지 않으면 된다.

6) 혼자 노는 법 배우기

혼자 노는 법에 익숙해지면 멘탈이 강해진다

시간 부자가 된 당신과 자주 만날 수는 있어도 매일 만나서 놀아줄 사람은 어느 곳에도 없다. 아무리 친한 친구라 하더라도 같이 살지 않는 이상 매일 만나는 것은 불가능하다. 친구가 아무리 많아도 매일 다른 친구를 만날 수도 없다. 거기에다 매일 사람을 만나려면 돈이 필요한데 매일 얻어먹는 것도 도리가 아니다. 그렇다고 매일 보는 아내와 매일 같이 놀 수는 더더욱 없다. 아내에게는 아내만의 시간과 공간이 필요하다. 은퇴한 당신도 당신만의 시간과 공간이 필요하듯이 말이다. 은퇴를 하게 되면 아무리 많은 사람을 만나고 좋아하는 일을 한다고 해도 시간은 모자라지 않는다. 남는 게 시간이다. 이렇게 많은 시간을 나와 놀아 줄 사람만을 찾아 돌아다닐 수는 없다. 나만의 시간이 필요하다. 다시 말해 혼자 노는 방법을 터득해야 한다.

혼자서 밥도 먹고 혼자서 술도 한잔 하며, 혼자서 요리도 해보고 혼자서 여행도 다녀봐야 한다. 청승맞게 혼자서 무슨 술이냐고 할 수 있고, 혼자서 밥을 먹으면 처량해 보인다고 할 수도 있다. 남자가 무슨 요리를 하냐고 핀잔을 주거나, 무슨 재미로 여행을 혼자 다니느냐고 불평할 수도 있다. 이런 말을 하는 사람은 멘탈이 약한 사람이다. 혼자 잘 노는 사람일수록 멘탈이 아주 강하다.. 우울증이라는 것과는 거리가 멀다. 어떤 상황에서도 적응을 잘한다. 혼자 놀기를 하면서 다양한 분야에 대한 관심을 가지는 한편 공부도 할 수 있다.

혼자 할 수 있는 취미를 만들어라

사람과의 관계가 아무리 잘 유지된다 하더라도 시간이 지날수록 교류는 줄어들게 된다. 혼자 있는 시간이 점점 더 많아진다는 얘기다. 이럴 때 적응하지 못하면 외로움을 느끼게 된다. 하지만 외로움을 반기고 받아들이고 즐겨라. '나는 외로울 때 무엇을 하면 즐거워질 수 있을까'라는 고민을 해 보자. 은퇴 이후의 가장 큰 과제 중의 하나는 혼자서 잘 노는 방법을 찾는 것이다. 혼자 할 수 있는 취미를 만들면 시간 계획을 짜기 너무 좋다. 가족이나 지인과 함께 할 수 있는 시간을 제외하고 나머지 시간은 혼자 취미 활동을 하면 된다. 본인이 즐기면서 할 수 있는 것이라면 무엇을 하든 상관없다. 주변 사람들의 눈치를 볼 필요도 없다. 나만의 시간으로 나만이 집중하고 몰두할 수 있으면 된다. 필자는 걷기 쉬운 트레킹 코스를 소개하기 위해 혼자서 걷기 좋은 길을 찾아다닌다. 걷기 좋은 길을 찾아다니면서 맛집 투어는 덤으로 하고 있다. 맛집을 방문해 혼자 막걸리 한잔을 하는 것도 무척 좋다. 혼자서 즐기는 것을 뭐라고 하는 사람은 자신이 혼자서 할 수 없으니 부러워서 그러는 것이다. 정말로 할 게 아무것도 없어 하는 행동은 혼자놀이가 아니다. 하고 싶은 일을 혼자 하는 게 진정한 혼자놀이다. 은퇴하고 나서 느낄 수 있는 진짜 소중한 시간은 바로 완전한 자유인이 되어 혼자 노는 시간이다.

가장 매력적인 사람은 혼자서도 잘 지내는 사람

어느 심리학 교수가 말하길 "가장 매력적인 사람은 혼자서도 안정적으로 잘 지내는 사람이다"라고 했다. 자신이 좋아하는 것을 찾아서 즐길 줄 알고, 자신만의 행복을 느끼는 방법을 아는 사람, 남 눈치 안 보고, 남의 시선을 의식하지 않고, 일상의 즐거움을 누릴 줄 아는 사람이 그런 사람이다. 나이가 들면 들수록 우리도 혼자서도 잘 지내는 사람이 되어야 한다.

은퇴 후에 찾아온 고독은 나이가 들어야만 누릴 수 있는, 아무에게나 주어지지 않는 특별한 혜택이다. 혼자 놀면서 고독을 즐겨봐라. 젊었을 때 느끼는 고독하고는 차원이 다르다. 혼자 놀기의 고수가 되어 은퇴 후의 고독을 즐거움으로 승화시켜라. 문득 최백호의 「낭만에 대하여」라는 노래의 가사가 떠오른다. "궂은 비 내리는 날 그야말로 옛날식 다방에 앉아 도라지 위스키 한잔에다 짙은 색소폰 소릴 들어보렴~~~."

7) 지출 규모를 계획하고 실행하기

안정적인 노후의 삶을 위해서는 지출 계획을 잘 세우고 실천해야 한다. 수입이 많았을 때의 생활 패턴과 수입이 줄어들었을 때의 생활 패턴이 같아서는 안 된다. 은퇴 이후 가장 어려운 부분이 바로 소비 패턴을 바꾸는 것이다. 소비 패턴을 그대로 유지한 채 은퇴하게 되면 큰 낭패를 보게 된다. 몸에 밴 소비 패턴은 쉽게 고쳐지지 않는다. 수입이 크게 줄었는데 소비 패턴이 그대로라면 수입과 지출을 따지면 당연히 마이너스가 된다. 한두 달은 버틸 수 있다지만 그 상황이 지속되면 큰 문제가 발생할 수 있다. 노후 자금은 평생 동안 쓰기 위해 모아 놓은 돈이다. 그 돈을 그냥 몇 년 안에 써버릴 생각으로 은퇴 후에도 돈을 물 쓰듯 한다면 그 이후는 상상만 해도 아찔하다. 은퇴를 하게 되면 대출받기도 쉽지 않고 금융권의 마이너스통장 등도 쉽게 개설하기 어렵다. 한정된 자금을 계획적으로 사용해야 한다. 그러기 위해서는 지출 계획을 철저하게 세워야 한다.

버릴 수 있는, 과소비하는 습관은 모두 버려라

버릴 수 있는, 과소비하는 나쁜 습관은 모두 버려야 한다. 많은 것을 바꿔야 한다. 은퇴 이후 가장 많이 들어가는 비용 중의 하나가 경조사 비용이다. 은퇴자들에게 은퇴 후에 경조사비가 부담되느냐고 질문했더니 90% 이상이 부담스럽다고 답했다. 한국 사회에서는 경조사와 관련한 비용에 대해서 매우 관대하고 체면을 많이 생각한다. 하지만 직장에 다닐 때는 주변의 경조사를 꼬박꼬박 챙길 수 있지만 은퇴 후에는 이 부분이 크게 부담된다. 아주 가까운 친분의 지인이나 친인척에 대한 축의금이나 부의금 비용은 그대로 유지하더라도 관계가 애매한 사람들에 대해서는 체면 등을 따지지 말고 현실적으로 비용을 책정하는 것이 바람직하다. 경조사비도 어찌 보면 부채인 만큼 반대로 상대방에게 부담을 주지 않기 위해서는 본인과 관련한 경조사가 생겼을 때 주변에 덜 알리는 것도 방법이 될 수 있다.

또 하나 버려야 할 습관 중의 하나는 차량 유지비다. 일반 가정에서 전체 지출 금액 중에서 차량유지비가 차지하는 비중은 10~20%라고 한다. 은퇴 이후 부부 합산 생활비가 300만 원 정도라고 가정해 볼 때 차량 유지비로 30~60만 원을 소비하는 것은 과하다고 할 수 있다. 설문조사에 따르면 은퇴 후에도 대부분은 차량을 폐기하지 않고 유지하겠다고 답했다. 차량 유지비를 줄이기 위해 유지비가 적게 드는 경차 등으로 바꿀 수 있지만 그래도 유지비는 들어간다. 솔직히 가정에서는 차가 필요하다. 자주 타지 않더라도 그만큼의 쓰임새는 분명히 있다. 하지만 이동할 때마다 차를 몰고 다닐 수는 없다. 차량 유지비를 줄이는 방법은 평상시에 대중교통을 이용하는 것이다.

대중교통을 이용하면 자연스럽게 걸으면서 운동도 된다. 필자는 대중교통 애호가다. 운전하는 것을 별로 좋아하지 않아 될 수 있는 한 대중교통을 이용하고 지방을 가더라도 고속버스를 이용한다. 그냥 맨몸으로 여기저기 돌아다니는 것을 좋아한다. 대중교통을 이용하면 하루에 5천 보 이상은 충분히 걸을 수 있다. 대중교통비는 한 달 동안 최대한 이용한다 하더라도 10만 원이면 충분하다. 거기에다 K패스카드를 활용하면 15~60회까지 이용한 대중교통 요금의 20%를 적립해서 되돌려준다. 서울시에서 운영하는 기후동행카드는 충전으로 선택한 사용 기간(단기권, 30일권)에 서울시 대중교통을 무제한으로 이용할 수 있다. 65세가 넘으면 더 많은 혜택이 주어진다. 지하철을 무료로 이용할 수 있다. 어디든지 무료로 이동할 수 있다. 이보다 좋은 순 없다. 지자체마다 버스 등 대중교통지원과 관련한 내용이 상이하지만 그 범위가 더욱 넓어지고 있다. 건강에도 좋고 이렇게 혜택도 많은데 대중교통을 언제까지 외면할 것인가?

정신건강을 위해서라도 소일거리를 계속 만들어야 한다

연금 수입만으로는 지출 계획을 충족시킬 수 없다. 연금 이외에 노후 자금이 일정분 준비되어 있더라도 경제 활동을 계속 유지해 나가는 게 좋다. 가장 좋은 것은 취미 활동이 일거리가 되어 즐기면서 하는 일이다. 노후 자금이 충분하다 하더라도 본인이 좋아하는 일이 있다면 하는 것이 좋다. 60대 남성을 대상으로 조사한 결과 삶에 대한 확실한 목적이 있고 자신이 하고 싶은 일을 계속하게 되면 5년 내에 사망할 확률이 무려 32%나 감소한다고 한다. 일을 하지 않는 사람들은 정신도 몸도 모두 빨리 늙는다. 은퇴 후에 남는 것이 시간인데 그 많은 시간을 충분히 활용해야 한다. 일은 건강을 위해서라도 반드시 필요하다. 돈을 많이 벌지 못해도 상관없다. 생계를 위해 하는 일과 정신건강을 위해 하는 일은 근본적인 접근 방법이 다르다. 원하는 시간에 원하는 만큼 하고 싶은 일을 즐겁게 한다면 몸과 마음이 모두 건강해진다. 필자는 매주 트레킹 코스를 소개하며 소정의 원고료를 받는다. 은퇴와 관련한 강의를 하면서 강사료도 받는다. 금액은 소소하지만 좋아하는 일을 하면서 받는 돈이니 의미가 더 크다.

노후 자금과 창업 자금은 별개의 문제다

노후 자금과 창업 자금은 별개의 자금이다. 노후 자금으로 창업하는 무모한 도전은 하지 마라. 노후 자금으로 창업했다가 실패하면 고스란히 노후 빈곤으로 이어진다. 더 이상 회복할 수 있는 기회도 없고 다시 도전할 힘도 다 소진된다. 창업이라는 것이 100% 성공 확률이 있는 것이라면 도전해 볼 수 있겠지만 철저하게 준비해도 성공 확률이 높지 않고 엄청난 노력과 에너지가 필요하다. 노후 자금도 모자란데 대출을 받아서 하는 생계형 창업은 더 위험하다. 노후 자금이 넉넉하지 않으면 아껴 쓰면서 맞추어 가면 된다. 몸이 건강하고 자신을 내려놓으면 소일거리로 할 수 있는 일은 많다. 절대로 노후 자금을 함부로 사용하려고 하지 마라.

8) 자녀에게 의존하지 않고 홀로서기

은퇴는 종착점이 아니라 새로운 삶의 출발점이다

은퇴 이후의 삶은 제2의 삶이다. 은퇴는 직장 생활의 종착점이기도 하지만 나다운 새로운 삶을 살 수 있는 새로운 출발점이다. 새로운 인생을 살아가려면 새롭게 정립해야 할 관계가 있다. 바로 자녀와 부모와의 관계다. 부모는 자녀에게 간섭하지 않고, 자녀도 부모에게 의존하지 않는 관계가 성립되어야 한다. 자녀에게 하지 말아야 할 행동 몇 가지를 소개해 본다.

하나, 용돈 스트레스 주지 않기

부모는 자녀 교육을 위해 올인한다. 노후 자금을 탈탈 털더라도 자녀를 잘 교육해 좋은 대학교에 보내고 좋은 직장에 취직하길 바란다. 그리고 좋은 배우자를 짝지어 주고 결혼까지 시켜야 안심이 된다. 애지중

지해서 키운 자녀이기에 은퇴 시기와 맞물려 성인이 된 자녀가 좋은 직장에 취업하게 되면 그보다 더 좋을 수 없다. 자녀가 취업에 성공하면 부모 처지에서는 보상심리가 생긴다. 이제는 편히 쉬면서 자녀가 벌어오는 월급으로 생활하고 싶어진다. 그런데 이런 행동은 결국 자녀와의 관계를 더 멀어지게 하는 요인이 된다. 자녀를 키우느라 고생한 것은 인정하지만 자녀는 학창 시절부터 끝없이 이어지는 치열한 경쟁으로 스트레스를 받으며 자랐다. 유치원 때부터 치열한 경쟁을 하며 커왔다. 대학 생활도 취업 준비를 위한 하나의 과정이기에 낭만이라는 게 없었다. 그만큼 힘든 삶을 살아온 것이다. 그렇다 보니 취업하게 되면 더는 치열한 삶을 원치 않는다. 요즘 신세대는 직장에서 스트레스를 받으며 일하고 싶어 하지 않는다. 직장에서 치열하게 경쟁해서 돈을 많이 벌겠다는 욕심도 없다. 원하는 만큼의 일을 하면서 그 수준에 맞게 월급을 받고 즐기면서 살고 싶어 한다. 야근도 싫어한다. 그런 자녀에게 용돈 스트레스를 준다는 것은 정말 가혹하다. 자녀도 새로운 변화에 적응할 시간이 필요하다. 독립해서 자립하게 하고 부모도 이제는 자녀에게서 독립해 각자 새로운 인생을 만들어 가는 것이 현명한 방법이다.

둘, 잔소리하지 않기

자녀에게 "이렇게 살아라 저렇게 살아라" 간섭하지 마라. 우리 때는 이랬는데 하면서 옛날 얘기만 늘어놓는 꼰대가 되면 안 된다. 성인이 된 자녀의 선택을 존중하고 격려해 주어야 한다. 물론 아무것도 하지 않고 할 의지도 없다면 달리 생각해야 하지만 무엇인가를 해보려고 하는데 그 의지를 꺾을 필요는 없다. 자녀가 외고를 나와 명문 대학을 졸업해 변호사나 의사가 되어야 성공하는 것이 아니다. 오히려 대학에 진학하지 않고 고등학교를 졸업해 기술을 배우고 그 분야에서 마스터 기술자가 되면 오랜 기간 고임금으로 직장 생활을 유지할 수 있다. 사람의 앞날은 아무도 모르는 것이니 자녀를 너무 다그치거나 부모의 뜻대로만 키우려 하지 말자.

결혼의 경우도 마찬가지다. 요즘은 결혼 연령대가 계속 높아지고 있다. 심지어는 결혼하지 않겠다는 자녀도 많다. 결혼하라는 잔소리를 계속 듣는 것도 너무 큰 스트레스다. 결혼한다 하더라도 애를 낳지 않겠다고 성화를 부릴 수 있다. 결혼 비용까지 다 마련해주고 손주까지 다 키워 줄 자신이 없다면 말을 아껴야 한다. 결혼과 출산을 부모의 뜻대로 하려고 하면 자녀와의 관계는 더욱 악화된다. 성인이 된 자녀의 뜻을 존중해 주어야 한다.

셋, 비교하지 않기

다른 집 자녀와 비교하지 마라. "누구는 너보다 못한 대학교를 나왔는데도 대기업에 취업했는데 너는 도대체 뭐하는 거냐? 창피해서 어디 다닐 수가 없다"라는 등의 말을 내뱉으면 자녀에게는 씻을 수 없는 큰 상처가 된다. 자녀를 자신의 위신을 세우기 위한 도구로 활용해서는 안 된다. 할 수 있다는 자신감을 불어넣어도 부족한데 의지를 완전히 꺾어버리는 꼴이다. 남과의 비교는 모든 괴로움의 근원이 된다. 노후에 가장 큰 리스크 중의 하나가 자녀 리스크다. 2030세대 중에서 취업을 아예 포기하는 사람들의 비중이 높아지고 있다. 대졸자 중에서 취업을 하지 못한 비경제활동인구가 25%나 된다. 열심히 노력해도 취업이 쉽지 않은 상황에서 자신감마저 사라져 버린다면 영원히 취업을 포기하고 죽을 때까지 부모에게 얹혀살 수도 있다. 노후에 그동안 공들였던 자녀까지 리스크에 추가된다면 삶은 더 피폐해진다.

이러한 문제는 자녀와의 문제만이 아니라 부부관계에서도 마찬가지다. "누구 남편은 은퇴 후에도 돈도 잘 벌어준다는데 당신은 도대체 뭐하는 거냐?", "누구 아내는 은퇴한 남편에게 무척 잘 해준다는데 당신은 왜 맨날 바가지만 긁냐?" 등과 같이 비교하는 것은 부부관계를 심각하게 악화시킬 수 있다. 은퇴 후에 황혼이혼 비율이 높아지는 것은 결국 이러한 소소한 비교에서 비롯된다는 점을 명심하자. 자녀와 부부간에도 지켜야 할 도리가 있다. 서로 존중해 주어야 자존감이 높아지고 문제를 해결해 나갈 수 있는 자신감도 생긴다.

사람들은 각자 다른 성향을 가지고 있다. 각자 좋아하고 싫어하는 것이 다르다. 누구에게는 맛없는 음식이 누구에게는 맛있는 음식일 수 있다. 서로 다른 성향의 사람을 같은 잣대로 비교하는 것은 거북이를 "너는 왜 토끼처럼 빨리 달리지 못하느냐?"라고 하면서 혼내는 것과 마찬가지다. 비교하면서 상대방을 평가하지 말자. 상대방에게는 큰 상처가 된다.

넷, 사전 증여로 자녀에게 올인하지 않기

　최근에 자녀에게 재산의 일부를 미리 사전 증여하는 사람이 많아지고 있다. 증여 과정에서 물론 증여세를 내야 한다. 이러한 사례가 많다 보니 증여하는 과정에서 세금을 줄이는 방법들이 다양한 콘텐츠로 유튜브 등에 올라와 있을 정도다. 재산이 많은 사람은 사전 증여를 하더라도 자신이 노후에 쓸 돈은 충분하다. 문제는 그렇지 않은 상황에서 거의 전 재산을 자녀에게 증여하면서 발생한다는 것이다. 자녀가 재산을 다 물려받고 나서 나중에 부모를 모시지 않으면 어떻게 할 것인가? '설마 내 자녀가 재산을 물려받고 나를 버리겠어?'라고 생각할 수 있다. 하지만 부모 재산을 증여받고 부모를 모시지 않는 것은 누구에게나 일어날 수 있는 일이다. 이 때문에 부모와 자녀 간에 법정 다툼이 생기기도 한다. 부모 처지에서 노후 자금까지 자녀에게 증여해 빈털터리가 된 상황에서 버림받는다면 사태는 걷잡을 수 없이 심각해진다.

　필자의 부모님은 은퇴 이후에 평창에 내려가서 전원생활을 하고 계신다. 벌써 15년이 넘었다. 전원주택이 지어진 곳은 고랭지 농사를 짓는 강원도 산골이다. 예전에는 여러 세대가 사는 마을이었지만 지금은 외부인이 은퇴 이후에 땅을 사서 지은 집이 더 많은 곳이다. 폐가가 드문드문 있고 쓰러져 갈 듯한 허름한 기와집에서 사는 어르신이 몇 분 계신다. 이곳에 터를 잡고 사시던 분들은 모두 고령으로 거동이 불편하시다. 자녀와 함께 사시는 분은 한 분도 없다. 이분들이 돌아가시면 집은 폐가가 된다. 자녀와는 거의 연락을 끊어진 상태다. 거동이 불편하신 어르신을 일주일에 몇 번씩 공무원이 생사 확인차 반찬을 준비해서 방문한다. 그분들은 원래 자녀가 없는 분들이 아니다. 과거에는 집 앞의 넓은 밭에다 배추, 무, 대파 등 고랭지 농사를 지으며 사셨던 분들이다. 하지만 지금은 밭이 대부분 외지인 소유이고 원주민에게는 쓰러져 가는 집 한 채만 남아 있다. 그렇다면 왜 고랭지 밭이 다 외지인 소유가 된 걸까? 그것은 자녀에게 미리 땅을 물려주고 자녀는 평창올림픽 등으로 땅값이 올랐을 때 모두 팔고 도시로 이주했기 때문이다. 자녀는 돈만 챙겨서 떠나 버리고 나이 드신 부모만 그대로 산골에 남게 된 것이다. 물론 이러한 상황은 일반적이지는 않다. 예를 든 것뿐이다. 하지만 자녀에게 죽기 전까지 땅을 물려주지 않았다면 어땠을까? 아마도 이렇게까지 외롭지는 않았을 것이다. 땅을 물려받기 위해서라도 자주 찾아왔을 것이다. 전 재산을 자녀에게 사전 증여해준다면 누구든 똑같은 상황에 놓일 수 있다. 사람 일은 아무도 모른다.

자신의 노후는 자신이 만들어가고 지키는 것이다. 자녀가 만들어주는 것이 아니다. 자녀를 위한 희생은 어디까지나 자녀가 성인이 될 때까지이고 취업해서 경제 활동을 할 수 있는 나이가 되면 이제는 노후 인생을 준비하는 데 초점을 맞추어야 한다. 자신이 직접 일해서 번 돈과 그렇지 않은 돈의 가치는 매우 다르다. 특히 자녀가 노력 없이 부모 덕분에 적잖은 돈을 보유하게 된다면 과연 그 돈의 소중함을 알 수 있을까?

자신의 노력 없이 부모에게서 물려받은 돈이 오랫동안 제대로 유지될 수 있을까? 아마도 자신이 무척이나 부자인 것으로 착각하고 자연스럽게 과소비를 하게 될 것이다. 그러한 과소비는 결국 습관이 된다. 제대로 된 직업도 없으면서 과소비가 습관이 되면…. 그 이후는 상상에 맡기겠다.

복권 당첨으로 갑자기 부자가 된 사람도 마찬가지다. 당장은 좋겠지만 갑자기 손에 쥐어진 거액 때문에 가정불화를 겪는 것은 물론 본인의 인생까지 망가졌다는 내용의 기사를 자주 접하곤 한다. 운으로 번 돈은 관리를 잘하지 못해 결국에는 빨리 사라져 버린다. 돈만 사라지는 것이 아니다. 돈과 함께 그 사람의 행복했던 인생까지도 모두 사라져 버린다. 자녀가 돈의 소중함을 알기 전에 씀씀이에 맛을 들인다면 그것은 절대적으로 부모의 책임이다.

자녀에게 미리 사전 증여를 하는 자금이 여유 자금의 일부이고 노후생활에 아무런 문제가 되지 않는다면 괜찮다. 하지만 그 자금이 노후자금이라면 사전 증여를 하면 안 된다. 노후는 자녀에게 맡기는 것이 아니라 스스로 만들고 개척해야 한다. 자녀가 성인이 되어 결혼하면 그들도 아이를 낳고 부모가 되고 아이를 키우며 살아야 한다. 우리의 전철을 그대로 밟는 것이다. 부모가 걸어온 길을 자녀도 부모가 되어 같은 길을 걷는다. 부모의 길을 걷는 자녀에게 노후에도 건강하게 잘 사는 부모의 모습을 보여주는 것도 부모로서 중요한 책임이고 역할이다.

다섯, 주택연금을 잘 활용하자

노후 자금이 충분히 준비되어 있다면 큰 문제가 없지만 국민연금이나 개인연금, 퇴직연금 등으로도 노후 자금이 부족한 상황이라면 으레 자녀에게 의존하려 할 것이다. 거듭 강조하지만 자녀에게 부담을 주어서는 안 된다. 소유하고 있는 주택이 있다면 주택연금을 적극적으로 활용해야 한다. 자녀에게 집까지 물려주겠다는 생각은 아예 지워 버려라. 주택은 자식에게 물려줄 유산이 아니라 자신의 노후를 책임져주는 마지막 보루가 되어야 한다. 주택연금은 1) 부부 중 한 명이라도 55세 이상, 2) 공시가격 기준으로 12억 원 이하의 주택 및 주거용 오피스텔(보유 주택 수 합산 시에도 12억 원 이하), 3) 실거주 조건이 충족되면 가입할 수 있다. 가입 기준이 공시가격 12억 원 이하지만 실제로 연금은 공시가격이 아닌 실거래가로 산정된다. 실거래가를 고려하면 13~15억 원 내외의 아파트까지 대상이 될 수 있는데 여기에 기준을 두고 연금액이 산정된다는 것이다. 하지만 10억 원이 넘는 아파트를 보유하고 있다면 평생 동안 실거주할 수 있는 적은 평수의 아파트로 다운사이징해서 나머지는 현금성 자산으로 확보하고 주택연금에 가입하는 것이 좋다. 주택연금은 가입하는 나이가 많을수록 연금 액수가 크다. 그렇다 보니 60대 후반, 70대가 주택연금에 가장 많이 가입한다.

주택연금 가입자는 살던 곳에 계속 거주하면서 죽을 때까지 연금을 받는다. 배우자 중의 한 명이 사망하더라도 연금은 지급된다. 부부가 모두 사망했을 때 아파트 가치가 올라 아파트 가격이 그동안 받은 연금 총

액보다 높다면 그 차액은 자녀에게 상속된다. 반대로 아파트 가격이 하락해 그동안 받은 연금 총액이 더 크더라도 걱정하지 않아도 된다. 그 차액은 국가가 보전하므로 자녀에게 그 차액을 대신 보전할 의무가 없다. 남으면 자녀에게 상속되고 모자라면 국가가 보전해 준다. 따라서 준비된 노후 자금이 부족하다면 자녀에게 의지하지 말고 주택연금 가입을 적극적으로 고려해야 한다. 주택연금은 대출 형태로 지급되는 것이어서 연금이 소득으로 잡히지도 않아 건강보험료 산정에서도 제외된다.

단 주택연금에 가입할 때는 보유한 아파트에 대출이 없어야 한다. 주택연금은 국가가 보증을 서서 평생 동안 연금을 받는 제도다. 대출이 있다면 국가가 그 대출금을 대신 갚아주고 이자를 상환하는 방식이기 때문에 연금에서 상환이자가 차감된다. 대출이자를 제하고 나면 실제 받는 연금이 줄어들어 실익이 없을 수 있다. 따라서 주택연금 상품에 가입하려면 반드시 대출금을 해결하고 나서 가입하는 것을 원칙으로 해야 한다.

필자가 언급한 내용은 아무래도 노후연금이 절대적으로 부족한 상황에서 이를 해결할 수 있는 방법으로 주택연금을 설명하다 보니 장점을 중심으로 언급했다. 주택연금은 장점만 있는 게 아니라 단점도 있으니 가입하기 전에 꼼꼼하게 전문가와 상담한 후에 결정하는 것이 좋다. 마지막 결정을 하기 전까지는 장단점을 잘 분석하고 검토해야 한다는 점을 다시 한번 강조한다. 인터넷에서 '주택연금공사 예상연금 조회'라고 치고 사이트에 들어가면 받을 수 있는 주택연금을 모의계산할 수 있으니 참고하면 좋을 듯하다.

9) 긍정적인 마인드로 하고 싶었던 일을 찾아서 하기

몸이 건강하면 오래 살지만 몸과 마음이 건강하면 행복하게 오래 살 수 있다. 현재와 앞으로 펼쳐질 미래를 생각하며 긍정적인 사람과 어울리면 긍정적인 에너지가 생기고 하루하루가 소중하고 즐겁다. 지난 과거에 너무 집착하거나 후회하지 말자. 이미 지나간 일은 아무리 후회해도 소용없다. 후회한들 과거로 돌아갈 수 없다. 이미 지나간 일들은 잊어버리자. 정신건강에도 좋지 않다. 그리고 막막한 미래에 대해 너무 많은 고민과 걱정을 하지 말자. 현재에 만족하면서 현재를 즐기며 살자. 어제의 나와 현재의 나를 비교하며 어제보다 더 좋은 모습으로 달라진 나를 칭찬해 주자. 하루하루 바뀌어 가는 자신을 바라보면 흐뭇함이 느껴질 것이다.

은퇴 후에는 '나중에', '~ 때문에'란 말은 던져 버리자

'나중에', '~~때문에'라는 말은 하지 말자. 은퇴 이후에는 '나중에'란 없다. 지금 하면 된다. '~~때문에' 못할 것도 없다. 남는 게 시간이니 안 되면 다시 하면 된다. 하고 싶은 일이 있다면 지금 바로 당장 시도해 보자. 망설임은 부정적인 생각만을 확대한다. 긍정적인 생각만 하자. 지금이 아니면 결국 평생 하지 못한다. 뭘 더 준비해서 하자는 건가? 돈이 많이 필요하고 무모한 것만 아니라면 하고 싶은 것을 당장 시도해 보자. 시도하는 것만으로도 즐겁다. 그 자체를 즐기면 된다. '그럼에도 불구하고 나는 할 수 있다'는 긍정 마인드는 인생 2막을 시작하는 당신의 삶을 긍정적으로 바꾸어 놓을 것이다.

긍정적인 사람이 더 오래 산다

은퇴는 끝이 아니라 새로운 시작이다. 긍정적인 마인드를 가지고 즐겁게 사는 것이 중요하다. 긍정적으로 살면 스트레스에 대한 저항력이 강해지고, 질병에 걸릴 확률은 낮아진다. 즐겁고 행복한 생각을 가지고 살면 부정적인 사람보다 7.5년을 더 오래 산다고 한다. 노후에는 많은 돈을 가지고 부정적으로 사는 삶보다 작은 것에도 만족하면서 긍정적으로 사는 삶이 더 행복하고 의미 있다.

현재가 가장 아름답고 소중하다

100세까지 장수하신 어느 어르신에게 "100년이라는 세월을 사시면서 가장 억울한 것이 무엇이었나요?"라고 물었다. 어르신은 이렇게 답변했다. "돈을 많이 벌어 부자가 되지 못한 것도 아니고 나이가 들며 주름이 늘어가는 것도 아니다. 지금이 가장 아름답고 소중한 시간이라는 것을 모르고 바쁘게 살았던 게 가장 억울하다. 마지막에 웃는 놈이 좋은 인생을 사는 놈인 줄 알았는데 되돌아보니 평소에 자주 웃었던 놈이 좋은 인생을 사는 놈이었다. 웃는 것을 잠시 미뤄두고 나중에 웃으려 했는데 웃음이라는 게 쌓여서 보관되어 있는 것이 아니라 그때 웃지 못하니 다 없어져 버리더라. 얼마를 살지 모르지만 인생을 너무 아끼지 말고 현재를 즐기면서 웃고 살아라. 현재를 즐기면서 살면 하루하루가 설렘으로 가득할 것이다."

PART 3 은퇴 이후 이야기

3 나이가 들수록 줄여야 하는 것들

1) 체면과 눈치는 던져 버려라

나이가 들면서 가장 내려놓기 어려운 것 중의 하나가 체면과 눈치다. 은퇴 전에는 직장 내에서 사회적인 지위 때문에 체면을 중요하게 여기지만 은퇴하고 나면 체면을 차리거나 남 눈치 보는 것이 그렇게 중요하지 않다. 하지만 30년 넘게 사회생활을 하면서 몸에 배어 있는 행동은 쉽게 고쳐지지 않는다. 오히려 자존심을 내세워 더 체면을 따지고 눈치를 보는 상황이 생길 수 있다. 이렇게 되면 가족은 물론 지인과의 관계가 소원해지기 쉽다. 자신을 내려놓아야 한다. "내가 예전에는 이랬던 사람인데?" 하면서 과거형에 집착해 살지 말고 현재와 미래에 충실하며 살아야 한다. 지금의 자신은 과거의 자신이 아니다. 과거에 그 사람이 직장에서 임원이었든 대표였든 간에 지금은 그것이 중요하지 않다. 예전에 모습을 지금도 그대로 인정해 달라고 하는 것은 어린아이가 장난감을 사 달라고 떼쓰는 것과 같다.

나이가 들면 다른 사람의 시선이 아닌 자신의 행복과 안녕에 중요한 가치를 부여해야 한다. 자신에게 더 솔직해지자. 체면을 차리려 하고 남 눈치를 보게 되면 진정으로 하고 싶은 일을 할 수 없다. 직장에서는 체면이나 눈치 때문에 어쩔 수 없이 본인의 의사와는 상관없는 선택도 해야 한다. 그러나 은퇴한 지금은 아니다. 또한 체면과 눈치를 보게 되면 에너지를 쓸데없이 너무 많이 낭비하게 된다. 에너지를 쓸데없이 낭비하지 말고 본인에게 집중하자.

체면과 눈치를 줄이면 새로운 도전을 할 수 있다. 그동안 체면과 눈치 때문에 하지 못했던 진정으로 하고 싶었던 일을 즐겁게 할 수 있다. 줄일 것은 줄이고 버릴 것은 버리자. 체면과 눈치는 이제 던져버리자.

2) 말을 줄이고 경청하라

말을 줄여야 한다. 불필요한 말은 하지 않는 것이 좋다. 침묵은 금이다. 나이가 들면 그만큼 오랜 삶을 통해 얻은 지식과 경험이 풍부해진다. 이러한 지식과 경험을 다른 사람들에게 전달해 주고 싶은 욕구는 누구에게나 있다. 그 전달 창구로 책을 쓰는 사람도 있고, 강의를 하는 사람도 있다. 하지만 책을 쓰거나 강의를 하는 사람은 제한적이다. 대부분의 사람은 일상적인 대화에서 자신보다 연배가 낮은 사람들에게 자신의 지식과 경험을 전달한다.

하지만 중요한 것은 오랜 세월을 통해 쌓인 자신의 지식과 경험이, 삶을 살아가는 모든 사람에게 정답은 아니라는 점이다. 누구에게는 정답일 수 있지만 또 누구에게는 오답일 수 있다. 그렇기 때문에 자신의 지식과 경험을 정답이라고 생각하고 가르치려 해서는 안 된다. 그런데 자신이 쌓아 온 지식과 경험이 정답인 것으로 착각하며 얘기한다. 이렇게 되면 대화는 늘 일방적으로 진행되고 상대방의 의견은 무시되기 쉽다. 듣는 사람은 짜증만 늘어난다.

못 된 어른이 되지 않으려면 자신의 지식과 경험에 얽매이지 않고 지킬 것은 지키면서 새로운 것을 받아들이는 연습이 필요하다. 그러기 위해서는 대화할 때 경청을 하는 게 중요하다. 상대방의 이야기를 진정성 있게 들어주고 자신의 지식과 경험을 공유할 때는 신중하고 조심스럽게 접근해야 한다. 일방적인 대화가 되어서는 안 된다. 대화의 균형을 맞추어야 하며 상대방에게 자주 질문을 던져 상대방의 생각을 정확히 이해하려는 노력이 필요하다.

사람이 나이 든 어르신과 얘기하기를 싫어하는 이유 중의 하나가 바로 "나 때는 말이야~~" 하고 말을 시작할 때다. 그렇게 시작되는 말은 늘 일방적이고 전달된다. 그러다 보면 만날 때마다 한 말을 계속 반복한다. 그렇게 되면 아무리 소중한 경험에서 얻어 낸 지식이라 하더라도 쓸모없는 잔소리가 된다.

직장 생활을 오래하고 직급이 높았던 사람일수록 대화하는 방식은 늘 일방적이다. 그리고 상대방의 말을 듣기보다는 자기 말만 하려고 한다. 상대방의 얘기를 중간에 끊고 자신이 말하는 경우가 다반사다. 그러한 행동이 직장에서는 직급 때문에 통할 수 있었지만 은퇴 이후에는 통하지 않는다. 나이가 드는 만큼 많이 들어주고 공감해 주어야 한다. 이전에 쌓았던 지식과 경험도 중요하지만 앞으로 쌓아갈 지식과 경험이 인생 2막에서는 더 가치 있고 중요하다는 점을 명심하자.

나이가 들면 '멘토'가 아닌 '코치'가 되어야 한다. 멘토는 직장에서 후배 직원들에게 자신의 지식과 경험을 일방적으로 전달해 준다. 예전부터 내려온 형식과 틀에 얽매인 지식과 경험이다. 하지만 코치는 지식과 경험을 일방적으로 전달하지 않는다. 질문을 통해 상대방의 생각을 묻고 자신의 지식과 경험을 바탕으로 함께 해답을 찾아간다. 오랜 삶을 통해 얻어 낸 지식과 경험을 멘토가 아닌 코치가 되어 전달하려고 노력해 보자.

말 한마디로 천 냥 빚을 갚는다고 했다. 하지만 반대로 말 한마디 잘못하면 천 냥 빚을 질 수도 있다. 경청하면서 신중하고 조심스럽게 얘기하자. "내가 너희 나이 때는 말이야~~"식의 자랑하는 말이나 "너는 왜 이 정도밖에 못해~~"라는 비판적인 말, "옛날에는 말이야~~"로 시작하는 과거 얘기, "내 말대로만 하면 돼~~"라는 강요하는 말, 그리고 "내가 듣기로는 말이야~~"하며 흉보는 말, "누구는 이렇다는데 너는~~~~"하며 비교하는 말 등은 모두 갈등의 원인이 된다.

사람은 두 개의 귀와 한 개의 입을 가지고 있다. 나이가 들수록 더 많이 들어주고 말수를 줄이라는 의미가 아닐까? 경청하고 겸손해지는 것이 올바른 나이 듦이다.

3) 후회와 원한은 미련 없이 내려놓아라

우리는 살아가면서 실수를 많이 한다. 그러면서 후회한다. 후회 없이 사는 완벽한 사람은 없다. 인간은 태어나서 넘어지는 연습 없이 바로 걸을 수 없다. 수없이 넘어지고 일어서기를 반복해야 한 걸음을 내디딜 수 있다. 한 걸음 한 걸음을 내딛고 넘어져야 비로소 아장아장 걷는다. 걷다가 넘어지기를 반복해야 뛸 수 있다. 넘어지고 일어서기를 반복하며 성장한다. 아마도 그때 넘어지는 게 두려워서 걸으려 하지 않았다면 영영 걷지 못했을 수도 있다. 우리네 삶은 항상 넘어지고 다시 일어나는 삶이다. 직장 생활을 열심히 할 때는 넘어지는 실수를 통해 실패도 하고 후회도 한다. 그러나 이러한 실패와 후회를 발판으로 삼아 열심히 일해 더 높은 곳으로 올라간다.

하지만 은퇴하고 나이가 들수록 후회는 더는 성장의 발판이 되지 못한다. 후회는 나이와 비례하여 늘어나 자꾸만 쌓여만 간다. 나이가 들수록 쌓여 가는 후회를 내려놓아야 한다. 이제는 더 높이 올라가기 보다는 더 넓은 세상을 경험하고 즐겨야 할 때다. 후회를 내려놓지 않으면 원한이 되어 즐거워야 할 삶이 괴로워진다. 원한이 하나하나 쌓이면 고통이 되는데 그 고통을 지워내지 못하면 평생 가슴속에 응어리진 채로 남아 삶을 옭아맬 것이다. 과거의 일에 얽매여 후회하고 상심한다면 건강도 해칠 것이며 무슨 일을 하려 해도 무기력하게 금방 포기하게 된다.

사람은 자신에게 일어난 좋은 일은 금방 잊어 버리지만 나쁜 일은 쉽게 잊지 못한다. 좋은 일을 오래 기억하고 나쁜 일은 잊어야 하지만 그렇지 못하다. 아픈 기억은 평생 잊지 못하고 산다. 아픈 기억은 떠올릴 때마다 마음의 상처가 된다. 지금 아프지 않게 그때 미리 아팠던 것이라고 생각하자. 지난 아픈 기억 속의 후회는 다시 꺼내어 볼 수 없는 곳으로 멀리 던져 버리자. 물론 쉽지 않겠지만 그래도 해야 한다.

깊은 시름과 한숨이 가득했던 후회와 원한을 비워내고 그 빈 자리를 앞으로 펼쳐질 즐거운 인생에 대한 기대감으로 채워 넣자. 영국 작가인 제인 오스틴은 "과거의 기억은 자신에게 기쁨을 줄 때만 떠올려라"라고 했다. 어느 작가는 "뒤돌아보지 마라. 뒤에는 꿈이 없다"라고 말한다. 과거에 얽매이지 말고 현재와 앞으로 펼쳐질 즐거운 미래만을 위해 살자.

4) 비만과 뱃살은 인격이 아니다

뱃살은 인격의 척도일까? 너무나 찢어지게 가난했던 시절 배가 나온 넉넉한 풍채는 인격과 경제적인 풍요의 상징이었다. 가난했던 시절에는 살 좀 찌면 건강해서 보기 좋다고 하고 살이 좀 빠지면 어디 아픈 데가 없냐고 걱정했다. 하지만 요즘에 불룩한 배를 보고 보기 좋다고 하면 좋아할 사람은 없다. 특히 나이가 들수록 늘어나는 몸무게와 뱃살은 만병의 근원이 되기 십상이다. 뱃살은 인격이라는 말은 듣기 좋게 포장된 터무니없는 거짓말일 뿐이다.

직장에 다닐 때는 너무나 바쁜 업무 때문에 힘들고 지쳐 운동을 할 시간이 없다고 핑계라도 댈텐데 은퇴 후에는 뭐라고 변명해야 할까? 남는 게 시간인데 시간이 없다고 할 수도 없고 핑계를 댈 만한 것이 없다. 나이가 드니 관절 건강이 나빠져서 운동을 하지 못한다는 핑계를 대야 하나? 남성이 여성보다 비만 확률이 높다고 한다. 이는 남성이 여성보다 내장 지방이 2~3배 많으며 잉여지방이 주로 배에 집중되기 때문이다. 여기에다 지나친 음주와 흡연, 회식 등에 따른 고지방 섭취, 스트레스 등으로 복부비만이 심해진다. 여성은 폐경 이후에 여성호르몬이 줄어들면서 잉여지방이 복부에 집중되는데 이때 관리를 제대로 하지 못하면 뱃살이 급격히 늘어나게 된다.

비만과 뱃살이 늘어나면 심장혈관이 나빠져 혈액순환에 문제가 발생하고 과체중은 관절 등에도 악영향을 준다. 그러다 보면 더욱 움직임이 제한되고 비만이 더 심해지는 악순환이 반복된다. 나중에는 살을 빼기 위해 운동하고 싶어도 할 수 없는 상황이 된다.

9988234. 이제 이 숫자의 의미를 모르는 사람은 없을 것이다. 99살

까지 팔팔하게 살다가 2~3일 앓다가 죽어야 하는데 잘못하면 99살까지 아파서 누워만 있다 죽을 수도 있다. 일단 몸이 아프면 할 수 있는 것이 극도로 제한된다. 돈이 아무리 많아도 소용없다. 먹고 싶은 것이 있어도 제대로 먹지 못하고, 가고 싶은 곳이 있어도 맘대로 갈 수 없다. 사는 게 사는 게 아니고 고통일 뿐이다.

나이가 들수록 건강에 대한 관심은 늘 최고조를 유지해야 한다. 작은 실천으로 운동을 생활화하면서 자기관리를 해야 한다. 비만과 뱃살을 줄여야 인생 2막 노후가 즐겁고 행복하다.

5) 씀씀이는 타인이 아닌 자신의 눈높이에 맞추어라

평생을 펑펑 쓰고도 남을 돈이 있는 사람에게 씀씀이를 줄이라는 것은 쓸데없는 말이다. 하지만 대부분의 사람에게는 펑펑 쓸 만한 돈이 없다. 나이 들어 없는 살림에 씀씀이마저 헤프다면 정말 큰일이다. 자신의 처지에 맞게 쓰면서 살아야 된다. 70대, 80대가 되면 당연히 쓰는 돈의 규모가 줄어들게 되어 있다. 먹는 음식의 양도 그렇고 모임 등을 통한 활동도 이전보다 훨씬 준다. 하지만 50대와 60대는 다르다. 이때는 은퇴하더라도 여전히 사람도 많이 만나면서 대외 활동도 많이 한다. 그리고 은퇴 전 직장에서 연봉이 가장 많았을 때가 50대 전후라는 점을 고려한다면 인생에서 씀씀이가 가장 활발한 시기가 50대이고 그 기세가 60대 초반까지는 이어진다. 그러나 이때 씀씀이를 제대로 조절해 놓지 못하면 큰 낭패를 볼 수 있다. 은퇴 준비를 제대로 하지 못한 상황에서 50대, 60대에 과도한 소비 패턴을 바꾸어 놓지 못하면 평생을 돈 걱정을 하면서 살아야 할지도 모른다.

처지에 맞게 산다는 것은 나쁜 말이 아니다. 가난한 사람이 분수도 모르고 부자처럼 살려고 한다면 방법은 대출이나 빚을 통해 사는 방법밖에 없다. 하지만 대출이나 빚이 무한정으로 늘어날 수는 없기에 어느 순간에는 개인 파산을 하게 된다. 자신의 처지에 맞게 욕심 부리지 않고 사는 것이 세상 사는 이치다. 명품이 아니어도 좋은 제품도 많고, 고급 식당이 아니어도 가성비 좋은 맛집도 많다. 인생 후반전에는 보여주기 위한 삶보다는 내면의 삶이 더 중요하다. 어울리지 않는 명품 옷을 입고 비싼 음식을 먹어야만 좋은 인생을 사는 것이 아니다. 명품이 아니더라도 나에게 어울리는 옷을 입고 내 입맛에 맞는 맛있는 음식을 먹는 것이 행복한 인생이다.

6) 분노(화)는 만병의 근원이다

세상을 살면서 항상 좋은 일만 있으면 얼마나 좋겠는가? 하지만 좋은 일보다 나쁜 일이 더 많은 것 같아 속상하다. 지나온 날들을 되돌아보면 좋았던 기억보다는 나빴던 기억이 더 많았던 것 같다. 나쁜 일은 우리의 뇌리에 더 강하게 각인된다. 혈기 왕성한 젊은 시절에는 그냥 지나갈 수 있는 사소한 일에도 화를 내고 싸우곤 한다. 술에 취해 술기운에 분노를 참지 못해 실수하기도 한다. 우리는 그렇게 많은 화를 분출하면서 산다. 성인군자 같은 사람이야 평생 동안 남에게 화 한 번 안 내면서 산다고 하지만 그런 사람이 얼마나 되겠는가? 직장에서의 다툼, 집안에서의 다툼, 그리고 친구와의 다툼 등 우리는 싸우고 화내며 분노하다가 다시 화해하고 용서하면서 살아간다.

하지만 나이가 들수록 자주 분노하게 되면 건강에 영향을 미친다. 60대 이상에서는 분노를 느낄 때 암 발생 확률이 크게 높아지는 등 만성질환 발병률이 1.5배 이상 높아진다. 그만큼 몸에서 분노를 받아들이는 태도가 달라진다. 해결할 수 있는 방법은 하나다. 바로 화를 줄이는 것이다. 그리고 분노를 몸속에 계속 쌓아 두면 화병이 생긴다. 사소한 일에도 화를 내다 보면 주변에는 아무도 남지 않는다. 화를 누르기 위해 술을 마시다 알코올 중독이 되고, 안정제를 계속 먹으면 약에 중독된다.

요즘 70대 노인에게서 분노가 조절되지 않는 '폭주노인'이 늘어나고 있다. 나이가 들면서 세상과 주변 사람으로부터 자신이 소외되고 있다고 오해하고 이를 사실로 받아들이면서 생기는 현상이다. 매사에 부정적이고 짜증이 일상적인 것이 되어 사소한 일에도 신경질을 내고 결국에는 병적인 상태가 된다. 심한 폭언과 욕은 기본이다. 이러한 현상은 노후 준비가 되어 있지 않은 상태에서 고단한 삶이 계속되어 나타나는 사회 현상이다. "이제 힘드니 좀 쉬십시오"라는 자녀의 말에 "그럼 나보고 죽으라는 말이냐?"라고 부정적으로 받아들이며 버럭 화를 내는 것도 사소한 일이지만 같은 맥락이다. 나이가 들면 다시 어린애가 되는 것 같다. 준비 없는 노후를 맞이하게 되면 누구든 폭주노인이 될 수 있다.

이를 해결하기 위해서는 기본적으로 노후 준비는 물론 정서적으로 안정될 수 있는 활동을 하는 것이 중요하다. 준비가 되어 있지 않은 노후는 여러모로 힘든 삶의 연속이다. 내 삶이 즐겁고 안정적이고 평화로우면 불만도 없어지고 화나는 상황이 자연스럽게 줄어든다. 스스로 내면의 평화와 행복을 찾으며 즐겁게 생활해야 한다. 자신을 위해 상대방을 이해하고 용서하려고 노력해야 하다. 필자도 반성을 많이 하면서 이를 실천하려고 노력하고 있다.

7) 노욕(노인의 욕심)과 노파심을 버리고 너그러운 마음으로 살자

소소한 행복에 만족하면서 살면 안 될까? 너무 욕심이 없는 것일까? 적당한 욕심은 열정과 의욕으로 연결될 수 있다. 젊었을 때 일에 대한 욕심은 성과로 이어지며 자신을 성장시키는 데 도움이 된다. 하지만 모든 게 지나치면 화가 된다. 지나친 욕심으로 일을 하게 되면 부정한 방법이 동원될 수 있고 다른 사람에게 피해를 입힐 수 있다. 그래서 욕심이라는 것이 참 무섭다. 적당하면 좋지만 지나치면 화를 부르는데 적당한 수준이 어느 정도인지 모르니 답답하다.

욕심이라는 것은 그 범위도 무한대다. 인간관계. 건강, 돈, 명예 등 모든 영역에서 발생할 수 있다. 인간관계에서 지나친 욕심은 배신과 미움으로 변질되고, 건강에 대한 욕심은 오히려 건강을 해친다. 돈에 대한 욕심으로 결국에는 빈털터리가 되고, 명예에 대한 욕심은 결국 주변에 사람들을 적으로 만든다.

특히 나이가 들면서 생기는 욕심을 노욕이라고 한다. 노욕이 생기면 지나치게 집착하게 된다. 현재의 생활에 대해 만족하지 못하고 불만이 늘어나 인간관계, 건강, 돈 등과 관련해 서운하고 미운 감정이 생긴다. 주변 사람에게 섭섭한 마음이 생기고 자신을 잘 챙겨주지 않는다고 징징댄다. 노욕이 생기면 불평불만이 많아진다. 그러다 보면 스트레스가 늘어나고 건강에도 해롭다.

젊은 시절에는 물질적 소유에 대한 욕심이 크지만 나이가 들면 서운하고 미운 감정 등 정서적인 측면에서의 욕심이 더 큰 부분을 차지한다. 소소한 행복에 만족하지 못하고 모두가 나에게 잘 해주어야 한다는 자기최면에 빠진다. 그렇기 때문에 자신의 잘못에 대해서는 너그럽지만 타인의 잘못에는 엄격한 잣대를 들이댄다.

공자는 나이 60을 '耳順(이순)'이라고 했다 이순은 귀가 순해져 남의 말을 넓은 아량으로 긍정적으로 듣고 받아들이는 나이를 뜻한다. 여러 사람의 말이나 행동에 무분별하게 휩쓸리지 않고 분별하여 받아들이고 행하라는 것이다. 그만큼 60이라는 나이에는 의미가 있다. 나이가 들어 노욕을 부리면 자신이 평생 일구어 놓은 공든 탑을 한꺼번에 무너뜨릴 수 있다. 공자는 나이가 들어 가장 추한 것이 바로 노욕이라고 했다.

노욕과 함께 경계해야 할 것이 한 가지 더 있다. 바로 노파심이다. 나이가 들수록 쓸데없는 걱정과 지나친 간섭이 늘어난다. 자연히 잔소리도 늘어나게 된다. 이런 사람은 어른으로 대접받기를 원하지만 정작 주변 사람은 어른으로 대접해주고 싶어 하지 않는다. 누구에게는 쉬운 일이 어떤 사람에게는 어려운 일이 될 수 있고, 누구에게는 어려운 일이 어떤 사람에게는 쉬운 일이 될 수도 있다. 어른이라는 이유만으로 기다려주지 못하고 지나치게 관여하는 것은 상대방에게 부담만 줄 뿐이다.

노욕과 노파심을 버리고 너그러운 마음으로 살자. 나이가 들어도 누구에게나 호감을 받는 어른으로서 대접받는 사람이 되어 보자.

8) 고집을 버리지 못하면 철저하게 고립된다

고집 센 노인을 얘기할 때 옹고집(翁固執)이라는 말을 쓴다. '생각을 고치지 않고 굳게 버틴다'라는 뜻이다. 옹(翁)은 사회적으로 존경받으며 나이가 많은 사람의 성, 이름, 호 뒤에 붙여 노인을 높게 부르는 말이다. 그런데 고전소설 『옹고집전』에서 인색하고, 고집 세며, 욕심 많은 주인공의 특성에 비유하여 원래 의미하고는 다르게 오늘날에는 고집이 센 노인을 일컫는 말로 널리 쓰이게 되었다. 옹고집을 속된 말로 표현하면 똥고집이다. 본인의 생각을 주입하려고 억지를 부리고 소통을 멀리한다. 자신의 생각과 행동을 무조건 관철하려 하고 상대방의 말이나 의견은 수렴하지 않는다. 나이가 들수록 이런 똥고집이 세진다. 특히나 자신이 오랜 세월 동안 축적해 온 지식과 경험이 최고인 것으로 착각한다. 그렇다 보니 대화가 항상 일방적이다. 고집이 세지면 수단과 방법을 가리지 않고 상대방을 설득해야 하기 때문에 본인도 힘들지만 상대방은 더 피곤하고 힘들어진다. 직장에서는 서로 부딪치며 토론이라도 할 수 있지만 나이가 들면 "새파랗게 젊은 놈이 얼마나 살았다고, 뭘 안다고 그러냐"라며 버럭 화부터 낼 수 있다.

다른 것도 마찬가지지만 고집은 고치기 참 힘들다. 하지만 반드시 고쳐야 한다. 성격 자체를 뜯어고쳐야 한다면 그렇게 해야 한다. 나이 들어 더욱 강해지는 똥고집을 버리지 못하면 노후의 인생은 철저하게 고립된다. 주변에 같이 하고픈 사람이 아무도 없고 외딴 섬에 덩그러니 혼자 내버려진 느낌이 들 것이다. 상상만 해도 이 얼마나 외로운 일인가? 주변에 나를 이해해 주는 사람이 아무도 없는데 돈이 많으면 뭐하겠는가? 건강하면 뭐하겠는가?

나이가 드는 것은 자랑스러운 훈장이 아니다. 나이 듦이 자랑스러운 훈장이 되려면 똥고집을 버리고 사람들에게 많이 베풀고 너그러워져야 한다.

9) 노인 냄새를 나이 듦의 자연스러운 부산물이라 생각하지 마라

나이가 들면 젊었을 때 나지 않던 냄새가 나는 경우가 있다. 모든 사람에게서 다 노인 냄새가 나는 것은 아니다. 하지만 노인 냄새가 많이 나면 상대방에게 불쾌감을 준다. 노인 냄새의 원인은 '노넨알데하이드'라는 물질이다. 노넨알데하이드가 피지 속의 모공에 쌓이면 퀴퀴한 냄새가 난다. 나이가 들수록 신진대사 기능이 떨어지고, 활동량 감소와 땀 분비량이 줄어들어 노넨알데하이드를 잘 배출하지 못한다. 이 물질이 잘 배출되지 않아 냄새가 더 짙어진다.

노인 냄새를 완전하게 제거하기는 어렵지만 생활 습관을 통해 줄일 수 있다. 우선 물을 많이 마셔야 한다. 물은 노폐물을 배출하는 효과가 있다. 그리고 자주 씻어야 한다. 샤워로는 부족할 수 있으니 일주일에 2회 정도 입욕하는 것이 좋다. 음식을 먹을 때도 기름진 음식은 줄이고 채소나 과일을 자주 섭취하는 것이 효과적이다. 기름진 음식은 지방산을 많이 만들어 냄새를 유발할 수 있으므로 섭취를 줄여야 한다. 이밖에 햇빛 아래서 자주 걸으면 살균 효과가 있어 냄새 제거에 도움을 준다. 적당한 운동으로 땀을 흘리면 노폐물이 땀으로 배출되어 냄새가 줄어든다. 담배를 많이 피우면 노인 냄새가 심해진다고 하니 건강을 위해서 담배는 끊는 것이 좋다.

시중에는 노인 냄새를 줄이거나 제거해주는 다양한 제품들이 판매되고 있다. 이러한 제품을 사용하는 것도 좋은 방법이다. 노인 냄새는 나이 듦의 당연한 부산물이 아니다. 상대방에게 불쾌한 느낌이 들지 않도록 노력하는 것도 배려다. 젊게 살고 싶다면 냄새도 관리해야 한다.

나이가 들어가면 신경 써야 할 것도 많고 줄여야 할 것도 참 많은 것 같다.

글을 마치며

 이 책은 삶의 현장에서 정말 열심히 뛰며 살았지만 정작 많은 것을 놓치고 살았던 필자 자신에 대한 반성문이기도 하다. 하지만 지금 와서 모든 것을 되돌릴 수는 없다. 현재와 앞으로의 미래가 더 중요하다. 그리고 지금 은퇴를 준비하는 사람이라면 인생에서 좀 더 가치 있는 것이 무엇인지 고민해 보길 바란다. 일을 핑계로 자신이 꿈꾸어 왔던 소중한 것들을 무조건 포기하지 말았으면 좋겠다. 가족을 포함해 주변 사람들을 챙기면서 살았으면 좋겠다. 나이는 상관없다. 지금 새롭게 시작해도 늦지 않다. 한 번 사는 인생이니 의미 있고 멋진 삶을 살아 보자.

 5회 말 투 아웃 투 쓰리 풀 카운트로 타석에 서있는 당신을 응원한다. 안타나 홈런 없이 아웃 되더라도 5회 말은 끝이 아니다. 5회 말이 끝나면 운동장의 상태와 시설을 점검하는 클리닝타임이 있다. 클리닝타임 이후 6회가 시작된다. 5회까지 지고 있던 경기라도 6회 이후에 언제든지 역전할 수 있다. 클리닝타임을 통해 살아온 인생을 점검해 보고 다시 새롭게 준비해 6회에는 멋진 인생 후반전을 시작해 보자.

한여름에 책과 씨름하며 3개월 동안 매달려 온 필자 자신은 물론 책의 발간을 위해 함께 애써준 이스트브릿지컴퍼니 동료분들, 그리고 책 표지디자인을 맡아준 딸에게 감사의 말을 전하고 싶다. 은퇴 준비와 관련한 필자의 솔직하고 간절한 마음이 독자 여러분에게 가감 없이 잘 전달되었으면 한다.

"인생은 가까이서 보면 비극이지만 멀리서 보면 희극이다"(찰리 채플린)

우리 인생은 작은 고난의 연속이다. 그 고난에 좌절하며 실패를 맛보기도 하지만 고난과 실패를 극복해 나가면서 성장한다. 그리고 더 나은 미래를 만들어 간다. 우리는 고난을 통해 어려움에 직면하지만 그 속에서 삶의 지혜를 배우고 성장하고 더 강해진다. 인생은 희비극의 연속이다. 가까이서 보면 수많은 역경이 눈에 들어오니 비극이라 할 수 있지만 멀리서 보면 그 역경을 이겨내며 성장하고 더 밝은 미래를 만들어 가니 희극이라 할 수 있다. 가까이 보이는 역경을 인생이라 생각하지 말고 멀리 보이는 성공을 인생이라 생각하면 우리네 삶은 즐거움으로 가득 찰 것이다.

"네잎클로버(행운)보다 세잎클로버(행복)가 더 중요한 삶의 기준이다"

우리의 삶은 네잎클로버에 집착하며 사는 삶이 아닌지 되돌아보아야 한다. 네잎클로버를 찾기 위해 세잎클로버를 밟고 뭉개면서 사는 것은 아닌지? 행운을 바라기보다는 무수히 많은 소소한 행복을 추구하면서 사는 게 더 즐거운 삶 아닐까? 행복한 삶을 살다 보면 행운이라는 것은 자연스럽게 찾아오는 것 아닐까? 은퇴 이후 우리의 인생 2막에서는 행운보다는 소소한 행복을 추구하며 산다면 더 의미 있는 삶이 되지 않을까? 네잎클로버보다 세잎클로버가 더 가치 있는 삶의 기준이 되어야 한다.

"노인의 4대 리스크, 無錢長壽, 有病長壽, 無業長壽, 獨居長壽"

돈 없이 오래 사는 것, 병이 있으면서 오래 사는 것, 하는 일 없이 오래 사는 것, 혼자서 외롭게 오래 사는 것을 노인의 4대 리스크라고 한다. 하지만 은퇴 준비를 잘해 놓으면 이러한 노인의 4대 리스크를 모두 해결할 수 있다. 100세 시대에 편안한 노후를 위한 준비는 누가 대신해 줄 수 있는 것이 아니라 바로 자신이 해결해야 한다. 노후의 불편한 삶과 편안한 삶을 결정하는 것은 여러분 자신에게 달려 있다.

"긍정적인 사람은 한계가 없고, 부정적인 사람은 한 게 없다."

긍정적인 사람은 무엇이든 할 수 있다는 자신에 대한 믿음이 강해 불가능해 보이더라도 포기하지 않는다. 끊임없이 고민하며 자신의 한계를 뛰어넘으려 노력한다. 실패하더라도 다시 일어선다. 하지만 부정적인 사람은 할 수 있다는 믿음보다는 할 수 없는 이유와 변명을 찾기 바쁘다. 결국에는 이룰 수 있는 게 아무것도 없다.

지금의 나는 과연 어떤 사람인가? 긍정적인 사람인가 부정적인 사람인가? 지금까지의 삶이 부정적이었다면 앞으로 남은 삶은 긍정적으로 살면 되지 않을까? 은퇴 이후의 삶을 긍정적으로 살아간다면 앞으로 즐겁고 행복하며 흥미진진한 일이 우리 앞에 많이 펼쳐지지 않을까?

저자 안병국

ROTC 28기 육군 중위 전역
국민대 경제학과
국민대 리더십&코칭 MBA / KAC코치
고려대 증권금융 MBA
1990년 대우그룹 공채 / 대우증권 입사
前) 대우증권 투자분석부장
前) 대우증권 리서치센터장
前) 미래에셋대우 리서치센터장
前) 미래에셋증권 리서치센터 전문위원
現) 이스트브리지컴퍼니 컨설팅사업부문 대표
現) IPR스퀘어 경영고문
現) 뉴스저널리즘 객원기자
現) 트레킹 전문 여행작가
現) 은퇴 설계 전문 강사

5회 말 투 아웃 풀 카운트

1판 1쇄 인쇄	2024년 10월 07일
1판 1쇄 발행	2024년 10월 07일

지은이	안병국
발행인	김창덕
편집인	민복기
편집조판	권재희
표지디자인	안은진

발행처	이스트브릿지
주소	서울시 마포구 어울마당 130, 3395호
이메일	eastbridge.publisher@gmail.com
팩스	0504-051-5096
출판등록	2024년 2월 15일 제 2024-000037호
ISBN	979-11-987314-1-8(03320)

- 이 책은 이스트브릿지와 저작권자의 계약에 의해 출판된 것이므로 무단 전재 및 유포, 공유, 복제를 금합니다.
- 이 책 내용의 전부 또는 일부를 이용하려면 반드시 저작권자와 이스트브릿지의 서면 동의를 받아야 합니다.
- 잘못 만들어진 책은 판매처에서 교환해드립니다.